W0033290

VOM GRÖSSTEN BILDERBUCH
DER WELT

Das größte Bilderbuch der Welt,
am Himmel ist es aufgestellt,
wenn still auf nächtlich blauem Grunde
die Sterne ziehen ihre Runde.
Sie schwingen um im ew'gen Kreise
und wandern die uralte Reise,
einander freundlich zugesellt
im größten Bilderbuch der Welt.
Wer mag die gold'nen Blätter wenden?
Wer hält das Buch in seinen Händen?

VOM GRÖSSTEN BILDERBUCH DER WELT

Sternbilder-Geschichten
durch das Jahr
von
Erika Dühnfort

Verlag Freies Geistesleben

Erika Dühnfort (1917–2002) war nach einem Studium fürs Lehramt und Ausbildung am Seminar der Freien Waldorfschulen in Stuttgart Klassenlehrerin sowie Lehrerin für Englisch und Französisch an der Rudolf-Steiner-Schule in Wuppertal und von 1976 bis 1982 Dozentin am Seminar für Waldorfpädagogik in Stuttgart. Für Kinder schrieb sie die Bücher: *Maulemei unter der Wurzel, Yvain, der Löwenritter, Die Elfenkönigsweise, Brendans wunderbare Meerfahrt* und *Am Rande von Atlantis.*

Zu den Themen Sprache, Dichtung und Pädagogik wurden von ihr veröffentlicht: *Der Sprachbau als Kunstwerk, Der Anfangsunterricht im Schreiben und Lesen* (zusammen mit Ernst-Michael Kranich), *Rechtschreibung – welchen pädagogischen Wert kann sie haben?, Von der Ausdruckskraft grammatischer Formen. Zu einer «Philosophie der Sprachtheile»* und *Mit Lyrik leben.*

ISBN 978-3-7725-2535-3

11. Auflage 2011

Verlag Freies Geistesleben
Landhausstraße 82
70190 Stuttgart
Internet: www.geistesleben.com

Einband und Sternkarten: Uli Winkler
© 1977 Verlag Freies Geistesleben
& Urachhaus GmbH, Stuttgart
Druck: fgb Freiburger Graphische Betriebe
Printed in Germany

Inhalt

Vom fleißigen Bauern
und seinem faulen Nachbarn

Es waren einmal zwei Bauern, die den ganzen Tag draußen auf ihren Feldern zugebracht hatten. Da sie Nachbarn waren und ihre Häuser nicht weit voneinander standen, trafen sie sich auf dem Wege, als der Abend dämmerte, und sie gingen miteinander heim. Es war noch früh im Jahr, die Erde war eben aufgetaut vom langen Winterfrost, und die Äcker mussten bestellt werden. So hatte der eine Bauer vom Morgen bis zum Abend geschafft und hatte sich keine Mühe verdrießen lassen. Dem anderen aber war der Tag unter den Händen zerronnen, weil er, statt zu arbeiten, manche Stunde am Feldrand in der Sonne gelegen hatte, so laut schnarchend, dass sein braves Pferd ab und zu erschrocken die Ohren aufstellte.

Wie nun der fleißige Bauer und der faule miteinander dahingingen, leuchteten am Himmel die Sterne auf. Zuerst kam der Abendstern, der funkelte, dass es eine Pracht war. Allmählich gesellten sich zu ihm immer mehr Sterne und immer mehr, je dunkler es wurde, bis schließlich der ganze Himmel über und über glitzerte und strahlte.

«Sieh nur», sprach der fleißige Bauer zu seinem Nachbarn, «wir wollen morgen das Korn in die Erde säen. Ist es nicht, als hätte der Herrgott dort oben auch goldene Körner ausgestreut?»

«Ja», antwortete der Träge, «nur sind sie recht unordentlich über den Himmel verteilt, liegen hier zu dicht, sind dort zu wenige, der liebe Gott hätte sich schon ein bisschen mehr Mühe geben können.»

«Aber», fragte der Fleißige, «siehst du denn nicht, zu welch schönen Bildern die Sterne dort oben zusammengestellt sind? Seit meinen Kindertagen kenne ich sie so und freue mich an ihnen immer von Neuem.»

«Ich weiß nicht, was es da zu sehen oder gar zu freuen gäbe», entgegnete der andere, «ein Haufen kleiner heller Punkte ist doch nichts, nach dem auszuschauen sich lohnte.»

Der fleißige Bauer griff den Zügel, an dem er sein Pferd führte, fester, sagte aber kein Wort, sondern sah mit weit offenen Augen die Sterne an und dachte bei sich: «Was mag ihn nur so blind machen? Krone, Leier, Schwan und Bär und die vielen anderen Sternenbilder, wie ist es möglich, dass er sie nicht sieht?»

DIE SOMMERGESCHICHTEN

Mit den Bezeichnungen «Cassiopeia», «Arktur», «Großer Bär» und «Krone» greift die erste Geschichte Sternbildernamen auf, die bereits im alten Griechenland geprägt wurden. Freilich war der Bär dort – wie heute noch im französischen Sprachbereich – eine Bärin. Göttinnenzorn hatte der schönen Nymphe Kallisto diese Gestalt gegeben, dazu auch den Platz, auf dem sie für ewige Zeiten um den Himmelspol kreisen muss. Arkturos, der helle Stern im Bild des Bootes, galt als der Bärenhüter. Hesiod übertrug dabei den Namen des Hauptsternes auf das gesamte Bild. Eine andere, kretische Sage erzählt von zwei Bärinnen (heute Großer und Kleiner Bär), die sich des eben geborenen Zeusknaben annahmen, als dessen Mutter ihn in einer Höhle des Idagebirges verborgen hatte, um ihn vor der Grausamkeit seines Vaters Kronos zu retten.

Umfasste man jedoch mit dem Blick nicht die weit ausgreifende Sternengruppe des Bärenungetüms, sondern sah nur die Gestalt an, die deren sieben auffallendste Sterne bilden, so galt diese wie noch heute als der Große Wagen. Zu ihm gehörte dann der Bootes als «Ochsentreiber». Noch sinnvoller wurde dieser Name, wenn – wie in Ägypten oder auch später in Rom – die sieben hellen Sterne als sieben Rinder oder Dreschochsen angesehen wurden, die auf der Tenne kreisen.

Die Königin Cassiopeia war in der griechischen Sagenwelt die Mutter der Andromeda, der an den Felsen gefesselten Jungfrau, die von Perseus erlöst wurde.

König Arktur, die schöne Cassiopeia
und der Große Bär

Wie friedlich und still sieht der Sternenhimmel aus, gerade so, als rührte und regte sich dort nichts. Aber schaut man genauer hin, erkennt man ein mächtiges Ungetüm: den Großen Bären. Am Nordhimmel muss er immerzu im Kreise trotten, und zwei Jagdhunde sind ihm dicht auf der Spur. Er versucht sich zu verstecken, und viele Menschen erkennen ihn gar nicht, sondern sehen nur sieben helle Sterne, die sie den Großen Wagen nennen. Wer aber in einer klaren Nacht seine Augen ein wenig anstrengt, dem zeigt sich: Die Wagendeichsel ist in Wirklichkeit der Schwanz des Bären, der zur anderen Seite hin seinen Kopf vorstreckt und seine Sternentatzen in den nachtblauen Himmel krallt. Deutlich sieht man: Er will sich verstecken oder davonlaufen! Dicht hinter ihm funkelt Arkturos, der Bärenhüter. Eine feine Sternenpeitsche schwingt er über dem Bärenschwanz. Wie diese beiden an den Himmel kamen, das hat sich so zugetragen:

In alten Zeiten wohnte auf Erden eine Königin, Cassiopeia mit Namen, die war über alle Maßen schön. Wer sie ansah, konnte den Blick nicht abwenden von ihr. Weil nun der König, ihr Gemahl, sie von Herzen lieb hatte, ließ er aus seinem ganzen Reich die geschicktesten Goldschmiede zusammenkommen, die sollten für die Königin eine Krone schmieden. Bald war die goldene Krone fertig und blendete mit ihrem Glanz jeden, der sie anschaute. Das Schönste daran aber waren sieben helle Edelsteine. Wenn Cassiopeia die Krone trug, wurden bei ihrem Anblick die Traurigen froh und die Kranken gesund, so groß war der Glanz der Schönheit, der von ihr ausging.

Es lebte aber in dem Lande ein Zauberer, der die schöne Cassiopeia gerne für sich gehabt hätte, doch eine gute Fee hatte ihm das immer zu wehren gewusst.

Einmal, im Sommer – die Sonne war eben untergegangen und die Dämmerung brach herein –, ging Cassiopeia im Walde spazieren. Es war ein heißer Sonnentag gewesen, und die Königin freute sich an der Waldeskühle, die nach Moos und Kräutern duftete. Plötzlich hörte sie hinter sich im Gebüsch ein Knacken und Rascheln wie von großen Tritten. Cassiopeia dachte, ihr Gemahl käme von der Jagd heim, sie wendete sich voller Freude und wollte ihm entgegengehen. Da aber erkannte sie zwischen Sträuchern und Bäumen ein mächtiges Tier, einen Bären, der gemächlich auf sie zutrottete. Die Königin, zu Tode erschrocken, suchte zu entfliehen, doch je schneller sie lief, desto schneller folgte das Untier. Cassiopeia rief laut um Hilfe, aber das Schloss war weit entfernt, wer sollte sie hören? Schließlich kam sie an den Fluss, und da sie sich nicht mehr zu helfen wusste, watete sie in ihrer Herzensangst mitten hinein, bis das Wasser ihr fast zu den Schultern reichte.

In diesem Augenblick sah die Königin, dass der Bär plötzlich in seinem Lauf innehielt, als lausche er und wittere Gefahr. Und wirklich drehte er sich zur Seite und verschwand im Dickicht.

Wer ihn verfolgte, war aber niemand anders als der König. Der hatte, wie er von der Jagd heimging, in Laub und Moos etwas funkeln sehen, und als er sich bückte, erkannte er die Krone mit den sieben hellen Edelsteinen, die seiner Gemahlin gehörte. Da dachte er gleich, es müsste ihr etwas zugestoßen sein, und nun vernahm er auch in der Ferne ihre Hilferufe. Er eilte über Stock und Stein, und seine zwei Hunde liefen ihm voraus und wiesen den Weg. Schließlich – die Sterne waren schon aufgegangen – kam er an den Fluss. Darin sah er die schöne Cassiopeia, wie sie in Not und Angst ihre schneeweißen Arme über die Wasserfluten emporreckte.

Er eilte auf sie zu und trug sie an das andere Ufer. Dort lag sie eine Weile wie tot. Endlich schlug sie die Augen wieder auf, freute sich von Herzen, als sie den König sah, und erzählte ihm, wie alles sich zugetragen hatte. Da merkte der König, dass der Bär niemand anders gewesen war als der böse Zauberer, der diese Gestalt angenommen hatte, um die Fee und sie alle zu täuschen.

In der folgenden Nacht, als die Königin in ihrem Zimmer im Schlafe lag, erschien ihr die Fee, nahm sie bei der Hand, führte sie an das Fenster des Gemaches und sprach zu ihr: «Sieh auf zum Himmel gegen Mitternacht! Zum ewigen Andenken an deine glückliche Rettung vor dem Bären-Untier wurde das, was dir zugestoßen ist, in Sternbildern an den Himmel gesetzt.»

Und Cassiopeia erkannte als Erstes den Großen Bären, dann sah sie Arkturos, den königlichen Bärenhüter, und vor ihm die beiden Jagdhunde. Im silbernen Strom der Milchstraße erblickte sie sechs helle Sterne.

«Das sind deine Schultern und die emporgereckten Arme», erklärte die Fee. Und auch die herabgefallene Krone war zu sehen. Sie lag nicht weit von dem Stern Arktur entfernt.

«Fehlt in ihr nicht ein Edelstein?», fragte Cassiopeia. «Mir scheint, ich zähle nur sechs.»

«Schau genau hin», entgegnete die Fee, «so wirst du den siebenten auch entdecken. Als ein Zweig dir die Krone vom Kopf streifte, während du vor dem Bären davonliefst, brach aus einem Stein ein Stückchen heraus, drum strahlt dieser nicht mehr so hell wie die anderen.»

Alles, was die Fee der Königin am Himmel zeigte, kann man in klaren Sommernächten selber sehen, wenn man gegen Norden hin hochschaut. Dort steht es heute noch. Der Bärenhüter trägt den Namen Bootes, sein hellster Stern aber heißt immer noch Arkturos.

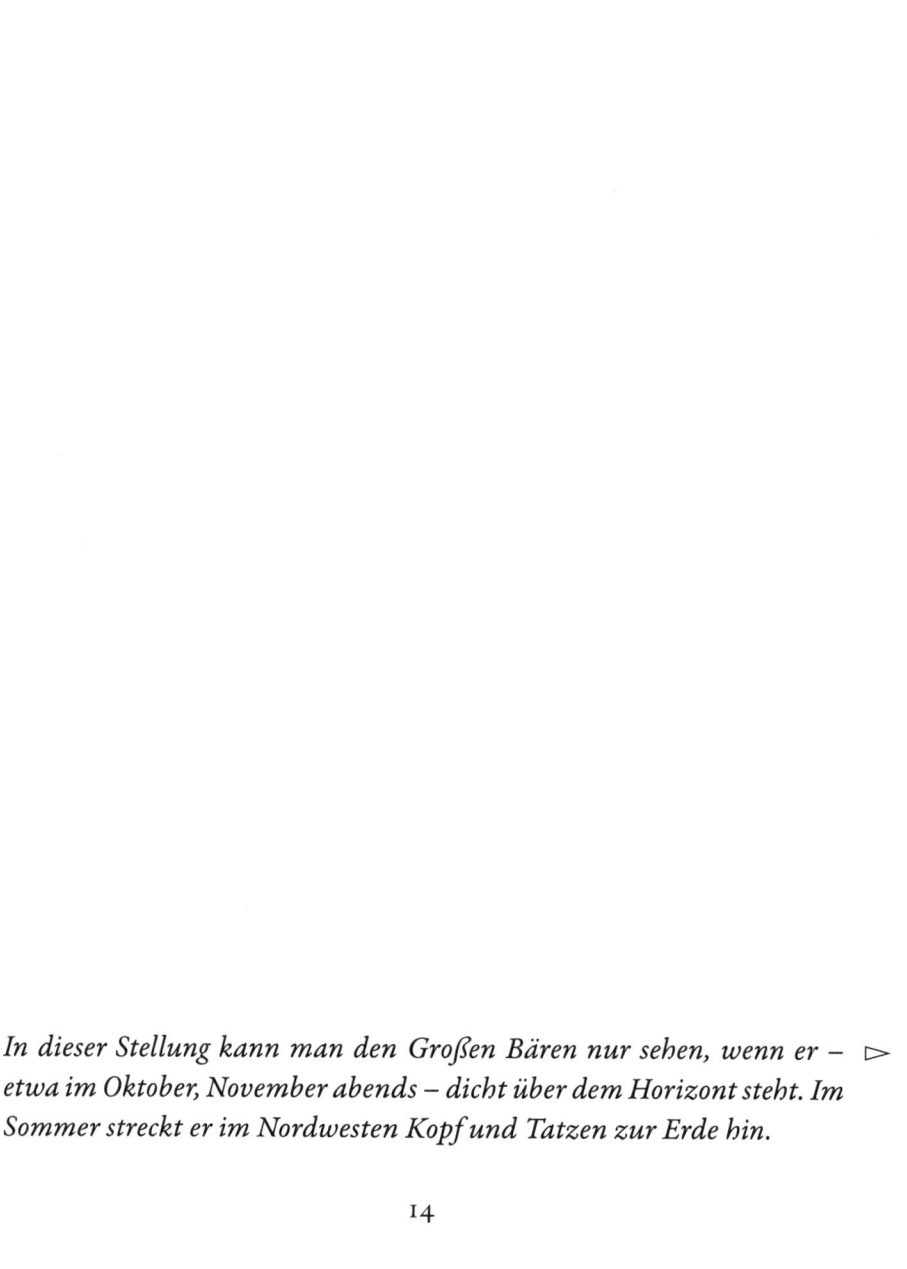

In dieser Stellung kann man den Großen Bären nur sehen, wenn er – ▷
etwa im Oktober, November abends – dicht über dem Horizont steht. Im
Sommer streckt er im Nordwesten Kopf und Tatzen zur Erde hin.

Großer Bär

Der königliche Bärenhüter steht mit der Krone zusammen im Juni/Juli ▷
hoch am Himmel, ein wenig schon in westlicher Richtung.

Bärenhüter mit Krone

Am Nordwesthimmel trabt der Bär. Ihm folgt aus der Höhe der König. Er ▷
schwingt die feine Sternenpeitsche. Am Nordosthimmel reckt Cassiopeia
die Arme. So sieht man's im Juli spät abends.

Bärenhüter
Großer Bär   Polarstern   Cassiopeia

Der Kleine Wagen taucht im griechischen Sagenbereich nur als «Bärin» auf, eben als eine der beiden Bärinnen, die auf Kreta die Kindheit des Zeus behüteten. In denselben Zusammenhang gehört die Ziege (der Stern Capella) aus dem Bilde des Fuhrmanns, wenn man sie als Denk-Mal für die Ziege Amaltheia anschaut, die gleich den Bärinnen das Zeuskind mit ihrer Milch nährte. Der Göttervater versetzte sie aus Dankbarkeit später samt ihren zwei Böcklein als Sterne an den Himmel.

Der Fuhrmann selber hat – vielfach unter der Bezeichnung «Wagenlenker» – eine Reihe von Urbildern in der Welt der Heroen. Erwähnt sei hier nur der Zusammenhang mit dem unglücklichen Theseus-Sohne Hippolytos, der, seine Rosse lenkend, am Meeresstrande den Tod fand.

Der Drachen, der seit jeher in der gewundenen Sternenkette zwischen Großem Bär und Kleinem Wagen erkannt wurde, galt in Griechenland bald als Bild der Pythonschlange, bald als das des Drachen Lodon, der die goldenen Äpfel der Hesperiden zu bewachen hatte.

Mit dem Sternbild, das in der folgenden Geschichte als der Engel bezeichnet wird, verbanden die Griechen unter anderem den gewaltigen Herkules. «Der große Kniende» wurde er auch genannt.

Vom Kleinen Wagen, dem Himmelsdrachen und dem Polarstern

In dem Sternenbären sehen viele Leute nur einen großen Wagen, weil sie nicht gründlich genug Ausschau halten nach dem *ganzen* Himmelsungetüm.

Doch gibt es auch einen *Wagen* am Himmel, einen kleinen, der aus sieben Sternen gebaut ist. Seit ältesten Zeiten ist er am Polarstern festgebunden und muss sich immerzu, Nacht für Nacht, Jahr für Jahr und eine ganze Ewigkeit im Kreise drehen. Dabei hat er eine höchst ungemütliche Nachbarschaft, denn in weitem Bogen hat ein Drache seinen langen Schwanz um ihn gelegt.

Der Drache liegt auf der Lauer und gibt acht, dass niemand den Kleinen Wagen vom Polarstern losbindet. Unter allen tausend und abertausend Sternen ist der nämlich der einzige, der unwandelbar an seinem Platze bleibt. Und da die Deichsel vom Kleinen Wagen an den Polarstern festgebunden ist, kann er nicht mit seinen Sternenrädern fröhlich über den Himmel sausen, sondern muss immer den gleichen engen Kreis drehen, bald auf den Kopf gestellt, die Räder nach oben, die Deichsel nach unten, bald wieder aufrecht, wie sich's gehört.

Er muss kostbare Fracht geladen haben, dieser Sternenwagen, dass der langgeschwänzte Drache ihn so sorgsam bewacht! Das ist seine Geschichte:

Vor Zeiten, als unsere Erde noch jung war, geschah es oft, dass sie vom Himmel Geschenke empfing. Zwar kommt das auch heute noch vor, immer wieder, schon mit jedem Sonnenstrahl, der Licht und Wärme gibt. Doch ist das alles nicht mehr so spürbar wie früher und geschieht auch nicht mehr in so reichem Maße. Damals aber, vor tausend und tausend Jahren, waren es wundersame und kostbare Geschenke, die der Himmel zur Erde herabregnen ließ, und die schönsten schwebten wie bunt

21

funkelnde Tropfen nieder. Die Erde nahm sie freudig auf, barg die lichten Tropfen in den Tiefen ihrer Felsengebirge und ließ sie dort zu Edelsteinen werden, die wie verzauberte Blüten in den Bergesgründen ruhen.

Nun hauste von jeher am Rande des Himmels auch ein Drache. Der neidete der Erde ihr Glück und missgönnte es den Menschen, dass sie auf der so reich beschenkten, immer schöner erblühenden Erde wohnen sollten. Er sann und sann, wie er es anstellen könne, dass der Himmel sich von der Erde abwende.

So lange die Menschen gut und fromm waren, hatte der Drache keine Macht. Als sie aber begannen, die Unwahrheit zu sagen und einander Böses anzutun, da wuchs des Drachen Kraft, und schließlich fühlte er sich stark genug auszuführen, was zu tun er schon seit langer Zeit wünschte.

Er verließ seine finstere Höhle am Himmelsrand, breitete seine Schwingen, die riesigen Fledermausflügeln glichen, schnob Feuerflammen aus dem aufgesperrten Maul und fegte in mächtigen Kreisen und Schleifen unter dem ganzen Sternengewölbe her. Schließlich war es, als hätte er ein Tuch von Dunkelheit zwischen Himmel und Erde ausgespannt.

Damit nicht genug, begann der Drache dann, die feinen, schimmernden Lichttropfen, die der Himmel zur Erde hinunterschickte, mit seiner gespaltenen Zunge aufzuschlecken. Doch sie stachen ihn und taten ihm weh, sodass er sie schleunigst wieder ausspie. Da er gerade in der Nähe des kleinen Sternenwagens war, spuckte er sie in den Wagen hinein, band den am Himmelspol fest und wollte sich auf die Suche nach neuen Schätzen machen.

Die Engel hatten dem Treiben des Drachens seit einer ganzen Weile zugeschaut. Schließlich aber zog einer der mächtigsten von ihnen aus und setzte, während er mit erhobenen Armen niederkniete, seinen Fuß auf des Drachen Kopf. Und das Licht, das von dem Engel ausging, war so hell, dass davon selbst das finstere Drachentier zu leuchten begann. Zwar sperrte es immer noch sein Maul weit auf, doch konnte es im selben Augenblick, da der kniende Engel ihm den Fuß auf den Kopf setzte, sich nicht mehr von der Stelle rühren und liegt heute noch so, wie es sich damals gerade um den Himmelswagen gewunden hatte.

Das Bild des Engels aber blieb, aus Sternen zusammengestellt, an dem Himmelsort stehen, wo er gekniet hatte.

Weit weg vom Kleinen Wagen, am untersten Himmelsrande nach Mitternacht zu, taucht ein Fuhrmann auf, der eine Ziege und zwei kleine Böcklein mit sich führt. Ob er versuchen will, den Drachen, der ihm den Rücken zuwendet, zu überlisten? Ob er sich eines Tages dem Himmelspole nähert, heimlich die Ziege – Capella heißt sie – vor den Wagen spannt und die Schätze, die im Wagen verborgen sind, wieder zur Erde herabführt?

In Sommernächten steht der Drache hoch oben am Himmel, und vom guten Fuhrmann und seinen Tieren schaut kaum erst die Ziege über den Himmelsrand. Wir wollen abwarten, wie das aussieht, wenn es Winter geworden ist!

Dreht der kleine Himmelswagen
Nacht für Nacht sich um im Kreise,
seine sieben Silbersterne
funkeln still nach Sternenweise.

Hält der grimme Himmelsdrachen
seinen Schwanz darum geschlungen.
Schließ dein Maul, du alter Drachen,
bist doch lange schon bezwungen!

Fuhrmann dort am Himmelsrande,
spann das Silberzicklein an,
dass es uns die Sternenschätze
samt dem Wagen bringen kann!

Im Juli, auf Mitternacht zu, steht der Kleine Wagen auf die Deichsel ▷
gedreht hoch über dem Nordhorizont. Noch höher – man muss beim Be-
trachten den Kopf ganz in den Nacken legen – findet man den Drachen
und den Engel. Der Engel zeigt sich nicht leicht.

Drachen   Kleiner Wagen   Der Engel

Das lang gestreckte, an eine ruhende Gestalt erinnernde Sternbild der Jungfrau ist wie in Babylon so auch in Ägypten und Hellas als Frauen- und Göttinnenbildnis gesehen worden. Gewandelt hat sich gelegentlich die Bedeutung, die man mit dem hellen Stern Spika darin verband, doch ist der Zusammenhang mit einer Korn-, einer Weizenähre von jeher der häufigste und hervorstechende gewesen.

Das Gleichmaß, das in den Waagesternen empfunden wurde, war der Grund dafür, dass die Menschen ihnen früh schon das Bild einer Waage zuordneten.

Uralt ist die Bezeichnung «Skorpion» für das entsprechende Stern-bild. Die Griechen übernahmen sie und ließen sie für den Skorpion gelten, durch den die Erdgöttin Gaia dem großen Jäger Orion den Tod sandte, als Orion sich der Jagdgöttin Artemis gegenüber allzu übermütig gerühmt hatte.

Auch die Namen «Schütze» und «Steinbock» für die entsprechenden Tierkreiszeichen reichen in weite Vergangenheit zurück, doch gibt es keine ausgesprochenen Sagen oder Legenden, die uns ein «Warum» für die Namengebung erkennen ließen.

Die Himmelsjungfrau mit der Kornähre
und ihr seltsames Gefolge

Schaut man auf dem Sommerabendblatt des Sternenbilderbuches nach Süden, so sieht man eine bunte Gesellschaft.

Tief unten, wo Himmel und Erde zusammenstoßen, hat sie sich eingefunden und zieht dort vorbei, einer hinter dem anderen.

Nach Sonnenuntergang zu, fast schon verschluckt von den Abendnebeln, funkelt ein heller Stern. Wisst ihr, dass es eine Kornähre ist? Eine schöne Jungfrau hält sie in Händen. Einst lebte sie auf Erden und war eines Königs Tochter. Wenn im Frühjahr die Äcker gepflügt werden mussten, ging der König in aller Morgenfrühe hinaus auf das Feld. Und in dem Augenblick, wo der erste Sonnenstrahl die Erde traf, senkte er die Pflugschar in den Boden und begann, die erste Furche aufzubrechen. Vor ihm aber durfte kein Bauer im ganzen Reich mit dem Pflügen beginnen.

Ebenso war es mit dem Säen. Die ersten Hände voll Korn warf in feierlichem Schwung der König selber auf das Feld. Und wenn das Korn gewachsen war und in der Sommersonne zu reifen begann, schickte er Tag um Tag seine Tochter hinaus, damit sie nachsähe, ob die Ähren schon gefüllt wären und gelb und bereit zur Ernte.

Wenn die Jungfrau von ihrem Gang heimkehrte und wieder auf den Palast ihres Vaters zuschritt, stand der König am Fenster und sah ihr entgegen. Trug sie einen bunten Feldblumenstrauß in Händen, so war die Erntezeit noch nicht gekommen. Hielt sie aber statt der Feldblumen eine volle Kornähre, so zog am nächsten Morgen der König aus, begleitet von seinem Gefolge, um mit eigenen Händen die ersten Halme zu schneiden, und die Königstochter band sie zu einer Garbe zusammen.

Zum Andenken an die ferne Zeit, in der Könige noch selber den Pflug führten und das Getreide aussäten, wurde die Jungfrau mit der Kornähre in der Hand als Sternbild an den Himmel gesetzt. Am besten ist sie dort im Mai und Juni zu sehen, während der Wochen, in denen das Korn besonders kräftig grünt und sprosst und wächst.

Wenn aber der Sommer immer heißer wird und die Ferienzeit naht, rückt das Sommerblatt im Sternenbilderbuch weiter gegen Sonnenuntergang, dem Westen zu, und was dann über den Himmelsrand hinaufsteigt und zu uns herscheint, ist nicht freundlich und mild wie die Jungfrau mit der Kornähre! Da biegt und streckt sich's, da dehnt sich's und greift – mit silbernen Zangen: Der Skorpion, der giftige, steht über dem Süden!

Den langen Schwanz mit dem Stachel versteckt er unter dem Horizont. Wie prahlt er mit seinen sechs hellsten Sternen! Man sieht es: Der schönen Jungfrau möchte er nacheilen, um sie in die Ferse zu stechen. Aber das wird ihm nicht gelingen. Zwischen beide hat Gott drei leuchtende Sterne gestellt: die Waage.

Ihre Schalen schwanken nie, in ewigem Gleichmaß ruhen sie und scheiden die Sanfte, Lichte vom angriffslustigen, stachelbewehrten Skorpion.

Dahinter rückt gleich auch der Schütze herauf mit seinem Silberpfeil. Der gibt wohl acht, dass der Skorpion am Himmel keinen Schaden anrichtet.

Zuletzt kommt einer gesprungen, so munter, als hätte er vor dem Schützen gar keine Angst. Der Steinbock ist's mit seinen hellen Sternenhörnern.

Jungfrau, Waage, Skorpion und Schütze und zuletzt der Steinbock: Das ist ein bunter Reigen, der da gemächlich über den Himmelsrand wandert!

Himmelssteinbock, Sternenböcklein,
fürchtest du den Schützen nicht?
Springst ihm nach, die Silberhörnlein
keck und funkelnd aufgericht'!

Schütze mit den hellen Pfeilen,
wohin schaust du? Hüte dich!
Sieh, der Skorpion, der arge,
mächtig dehnt und reckt er sich!

Doch im Gleichmaß ruht die Waage.
Wer sie wohl in Händen hält?
Mit den beiden goldnen Schalen
zwischen Bös' und Gut gestellt.

Neigt die lichte Himmelsjungfrau
sich schon leis' den Nebeln zu.
Ihre helle Sternenähre
funkelt Sommerabendruh.

Wer in südliche Länder reist, entdeckt den Zug der Sommersternbilder ▷
leichter. Sie heben sich nur wenig über den Südhorizont empor.

Jungfrau

Waage

Skorpion

Schütze

Steinbock

Rätsel

Der höchste Berg ist fern und nah
von allen der Himalaya,
der, unter Gletschereis versteckt,
sich mächtig in den Himmel reckt.
Wo aber fließt der größte Strom,
den Menschenaugen je gesehen?
Wer schwamm darin, wer tauchte ein
auch nur die Spitzen seiner Zehen?
Ich sag euch: Keinem glückte das,
nicht Frosch noch Fisch ward in ihm nass.
Kein Hälmchen säumt die Ufer grün,
nicht Baum noch Strauch noch Blumen blühn,
wo dieser Fluss vorüberfließt,
der ohne Quelle sich ergießt
und in kein Meer je mündet ein.
Ein Wunderstrom muss das wohl sein!
Du find'st ihn nicht in Afrika
und auch nicht in Amerika.
Europa wär ihm viel zu klein,
selbst Asien schlösse ihn nicht ein,
und an Australien, das ist klar,
schon gar nicht erst zu denken war.
Der große Strom, er ist uns fern
wie Sonne, Mond und Abendstern
und ferner noch! Ein Silberband,
ergießt er sich durch blaues Land.
Ist einer da, der ihn schon kennt,
der mir des Flusses Namen nennt?

Der Himmelsstrom
und die fallenden Sterne

Wenn in der heißesten Zeit des Sommers ein Tag verdämmert, freuen Pflanzen, Tiere und Menschen sich auf Abendtau und -kühle. Wer noch nicht schlafen ging, kann nach den Sternen schauen und im Spätsommerblatt des Himmels lesen.

Manches schöne Bild strahlt in dieser Zeit an der blauen Kuppel auf. Und über ihre ganze Höhe und Weite spannt die Milchstraße breit von Norden nach Süden ein schleierfeines Gespinst. Nie ist sie so gut zu sehen wie in diesen Sommernächten. Kühl und frisch kann einem werden, wenn man sie betrachtet, und wer lange und aufmerksam emporblickt, dem mag es vorkommen, als tauchte er in den Himmelsstrom ein und schwämme darin. Seitenarme und Inseln bildet er, gerade so wie ein Fluss auf Erden, der in ebenem Lande hinfließt. Nach Norden zu ist in den stillen Fluten der Milchstraße die schöne Cassiopeia zu erkennen, wie sie ihre Arme emporreckt. Schwan und Adler schweben in ruhigem Fluge über dem Silberstrom. Ein kleiner Delphin springt aus den Wellen hoch, und am Ufer liegt, seltsam genug anzuschauen an diesem Orte, eine Leier.

Wer geduldig sein kann und in Sommernächten die Augen hinaufrichtet zum blauen Zelt, für den hält der Himmel noch besondere Überraschungen bereit. Bald blitzt es hier auf, bald erglüht dort eine Spur: Sternschnuppen fallen, Sternschnuppen in großer Menge!

Man sagt, wer flink genug sei, einen Wunsch auszusprechen, solange sie mit Gedankenschnelle vorüberhuschen, dem werde sein Begehren erfüllt. Man darf freilich nicht träumen, sonst wird man den rechten Augenblick verpassen!

Aber wäre man selbst schnell genug, es hülfe doch nicht immer. Die wunderlichen Unruhgeister erscheinen im festgefügten Gefunkel des Sternenhimmels meist so unerwartet und in so wechselnder Gestalt – als hell aufblitzendes Strichlein, als lange Bahn von Licht, als goldener Kopf mit feurig rotem Schwanz – dass man vor lauter Staunen über so viel Wunderbarem die eigenen Wünsche leicht vergisst.

Versuchen aber kann das Sternschnuppenspiel jeder, der es mag. Vielleicht gelingt es doch einmal, den eilig Sausenden einen Wunsch anzuhängen, ehe sie wieder ins Dunkel zurückgetaucht sind. Sie kommen ja aus des Himmels Glanz und Fülle – wie sollten sie da nicht Wunderbares vermögen?

Alle in der folgenden Geschichte vorkommenden Sternbilder – neben Schwan und Adler, Leier und Delphin auch noch die Schlange – haben in der Antike Stoff zu manchen Erzählungen gegeben.

Im Schwan erkannte man bald Zeus, wie er in dieser Gestalt sich der Leda oder auch der Nemesis, der Tochter der Nacht, verband; bald dachten die Menschen beim Anblick des sommerlichen Bildes an Apollo, zu dem die Schwäne in besonderer Weise gehörten. Der Zusammenhang mit Apollo lag umso näher, als in geringer Entfernung vom Schwan die Leier zu sehen ist, die ebenfalls fest mit dem Wesen dieses Gottes verbunden war.

Wie bei einigen anderen Sternbildern, so ist auch beim Adler der Name älter als die Sagen, die in Griechenland daran geknüpft wurden. Das Bild galt dort vor allem als der Vogel des Zeus, der den Starkgeflügelten zu mancherlei Aufgaben aussandte.

Ein Delphin war es, der den Sänger Arion errettete, als eine wilde Schiffsmannschaft den Ruhmgekränzten ausraubte und ihn dann töten wollte. Das Leierspiel des Bedrängten hatte das Meerestier herbeigerufen.

Die Schlange schließlich wurde so, wie sie im Folgenden erscheint, aus dem weiträumigen Bilde des Schlangenträgers herausgelöst; sie ist darin leicht zu erkennen. Die Griechen sahen im Schlangenträger vor allem den Gott der Heilkunst, den Asklepios; gelegentlich wurden aber auch andere Schlangensagen zu dem Bilde in Beziehung gebracht.

Die Geschichte von Schwan und Adler, Leier und Delphin

Am Ufer eines großen Meeres lebte einmal eine alte Frau, die war erfahren in allerlei Zauberkünsten. Tagsüber konnte man sie durch den Wald streifen sehen, da sammelte sie Wurzeln und Kräuter, Pilze und Beeren. Des Nachts saß sie in ihrer Stube, murmelte wunderliche Worte oder sang Zauberweisen vor sich hin.

Und schien die Sonne auch hell, so gingen die Leute der Alten doch gern aus dem Wege, wenn sie ihr von Weitem begegneten. War aber die Dämmerung hereingebrochen, so wagte sich niemand mehr in die Nähe der kleinen, schilfgedeckten Hütte, in der die Zauberin hauste. Und wen, weil er sich verspätet hatte, der Weg doch einmal im Dunkeln dort vorüberführte, der lief, so schnell er nur konnte und wagte keinen Blick zu den Fenstern, aus denen ein flackernder Lichtschein fiel.

Die Alte hatte eine Tochter, die war schön von Angesicht und gut von Herzen. Gern wäre sie zuweilen mit den anderen Mädchen des Dorfes zu Tanz und Spiel gegangen, doch wagte sie nicht, die Mutter darum zu bitten. Nur zum Meeresstrand wanderte sie oft hinunter, setzte sich auf einen Stein, sah hinaus auf das Wasser und sang – allerlei Lieder, wie sie ihr gerade in den Sinn kamen.

Manchmal geschah es dann, dass ein Delphin angeschwommen kam und dem Gesang des Mädchens lauschte. Mit der Zeit hatten die beiden sich angefreundet. Das Mädchen freute sich an den Sprüngen des Fisches. Wenn es ihn aus der Weite herankommen sah, lockte und rief es ihn, und lange Zeit war der Delphin seine einzige Gesellschaft.

Eines Tages aber geschah es, als das Mädchen wieder einmal am Meeresufer saß und sang, dass ein Bursche aus dem Dorf sie dort erblickte. Der hatte sie öfter schon aus der Ferne angeschaut und hatte sie bewundert ihrer großen Schönheit wegen. Doch weil er die Zauberin fürchtete, hatte er sich ihr nie zu nahen gewagt. Jetzt hielt es ihn nicht länger, er rief des Mädchens Namen, eilte auf es zu und fragte, ob es ihm erlauben wolle, ihr ein wenig Gesellschaft zu leisten. Das Mädchen war erschrocken, doch da der Knabe freundliche, gute Augen hatte, gewährte es ihm den Wunsch. Seit diesem Tage kam der Bursche öfter.

Es war gerade Sommer, Johannizeit, und eines Abends sagte der Bursche zu dem Mädchen:

«Warum sitzest du immer hier am Meeresufer und gehst nicht einmal in den Wald, der jetzt so frisch und grün ist? Da kannst du Blumen pflücken, dem Singen der Vögel zuhören und dich der schönen Zeit freuen.»

Nun hatte das Mädchen schon öfter sehnsüchtig zum Walde hinübergesehen, und da es wusste, dass seine Mutter an diesem Abend in ihrer Stube saß, winkte es dem Delphin zum Abschied zu und ging mit dem Burschen. Gar schön erschien ihm der Wald im Abendlicht, und an den Blumen und Vögeln hatte es seine helle Freude.

Wie aber die beiden so durch das Gesträuch streiften, gerieten sie in einen Talgrund, dessen moosiger Boden mit hohem Farn bedeckt war. Der feine Samenstaub, der auf der Unterseite der Farnwedel saß, war schon braun und reif, und als die zwei im Vorübergehen die Farnblätter streiften, stäubte er in kleinen Wolken heraus und fiel in ihre Schuhe. Sie merkten es nicht, und keines von den beiden wusste, dass der Staub des Farnkrautes in der Johannizeit Zauberkräfte hat. Wem er in die Schuhe fällt, dem werden, wenn er darauf steht, alle Wünsche erfüllt, die er ausspricht, mögen sie nun gut oder böse, klug oder töricht sein.

Inzwischen war die Sonne untergegangen, der Abendstern glänzte am Himmel, der Bursche und das Mädchen hatten sich auf den Heimweg gemacht. Schon sahen sie durch die letzten Stämme des Waldes hindurch die Felder und Wiesen des Dorfes, da stand plötzlich die Zauberin vor ihnen. Das Mädchen, zu Tode erschrocken, wollte zu ihr hineilen und sie um Verzeihung bitten. Der Bursche aber hielt es an der Hand zurück, nahm all seinen Mut zusammen, ging festen Schrittes auf die Alte zu und bat sie kurz entschlossen, sie möchte ihm ihre Tochter zur Frau geben.

Die Mutter des Mädchens hätte dem Jüngling den Wunsch gerne rundweg abgeschlagen. Doch da er den Farnsamenstaub im Schuh hatte und dies der erste Wunsch war, den er darauf stehend aussprach, konnte sie es nicht. Sie schaute den Burschen an und sagte nach einer Weile:

«Nun gut, dein Wunsch soll erfüllt werden, denn ich sehe, dass auch meine Tochter dich gern hat. Doch bevor sie deine Frau werden kann, musst du mir die Leier der Gletscherfrauen holen. Schon lange steht mir der Sinn danach, aber bis zu den schneebedeckten Bergen ist es ein langer Weg. Meine Füße tragen mich so weit nicht mehr, doch deinen jungen Beinen wird es ein Leichtes ein.»

Das sagte die Alte, weil sie heimlich dachte, die Leier der Gletscherfrauen könne der Junge nie und nimmermehr herbeischaffen. So hoffte sie, ihn für alle Zeiten los zu sein.

Der Bursche beschloss guten Mutes, sich gleich auf den Weg zu machen. Er sagte seiner Braut Lebewohl, schnürte das Wanderbündel, und als am anderen Morgen die Sonne aufging, war er auf der Landstraße schon ein großes Stück gegangen – südwärts, den Bergen entgegen, die auch im Sommer Schnee- und Eisgipfel tragen.

Es dauerte nicht lange, so sah er sie vor sich liegen. Bald stieg er auf steilen Pfaden über Geröll und Fels bis zu den Gletschern empor. Aber wie emsig er auch suchte, wie angestrengt er auch horchte, von den Gletscherfrauen fand er keine Spur, von ihrer wundersamen Leier vernahm er keinen Ton.

So ging der Sommer zu Ende, der Herbst kam ins Land, und dem folgte bald schon der Winter mit Frost und Schneestürmen. Den Jüngling trieb es in die Täler hinunter, zu den Häusern der Menschen. Dort suchte er sich Arbeit als Holzfäller, schaffte fleißig, sprach kaum ein Wort und wartete voll Ungeduld auf den Frühling.

Kaum war der Schnee von den Bergwiesen geschmolzen, machte der Bursche sich von Neuem auf die Suche. Wohl fand er Blumen, wie er sie noch nie gesehen hatte, wohl war er bald vertraut mit der Lebensweise der scheuen Bergtiere; auch glitzernde Kristalle entdeckte er ab und zu – das aber, wonach er so sehnsüchtig ausschaute, wollte sich nirgendwo zeigen. Die Sonne stieg von Tag zu Tag höher, wieder ging es auf die Johannizeit zu, der Winterschnee war längst vergangen, nur die Gletscher schimmerten noch weiß, und von einigen besonders hoch gelegenen Bergseen war das Eis noch nicht weggeschmolzen. Seit Wochen irrte der Bursche vergebens umher, mutterseelenallein. Lange schon war er keinem Menschen mehr begegnet. Er wurde immer betrübter. Dachte er an seine Braut, zog es ihm das Herz zusammen, die Hoffnung, sie je wiederzusehen, schwand ihm täglich mehr dahin.

So voll Kummer stieg er eines Tages zwischen mächtigen Felsblöcken empor. Schließlich kam er zu einer Stelle, wo es schien, als könne er keinen Schritt mehr weiter tun. Eine hohe, steile Wand ragte vor dem Jüngling auf und nirgends entdeckte er eine Stelle, wo sie zu bezwingen gewesen wäre. Schon wollte er umkehren, da sah er plötzlich eine grün schimmernde Schlange aus der Felswand hervorkriechen, und nun erkannte er auch einen breiten Spalt im Gestein, wo er vorher nichts dergleichen bemerkt hatte. Die Schlange kroch auf den Burschen zu, sie war so schön, dass er ganz vergaß, sich vor ihr zu fürchten. Schon war sie nahe an ihn herangeschlüpft, da hob sie ihren Kopf ein wenig über den Boden empor und blieb liegen, ohne sich zu regen. Ihr Leib glänzte wie Smaragd, und was das Seltsamste war: Über seine Länge hin glitzerten an vielen Stellen Silberpunkte – immer zwei und zwei dicht nebeneinander. Ein besonders großer aber funkelte wie ein Krönchen auf dem Schlangenkopf. Der Bursche stand wie gebannt. Endlich glitt das Tier wieder zu Boden, wandte sich und bewegte sich langsam auf die Felsspalte zu, die inzwischen noch breiter geworden zu sein schien. Ehe die Schlange darin verschwand, richtete sie sich noch einmal auf, und dem Jüngling war es, als forderte sie ihn auf, ihr in die Kluft hinein zu folgen. Er tat es ohne Zögern und geriet in einen Gang, den das Tageslicht nur wenig erhellte. Er tastete sich in dem Dämmerdunkel vorwärts, bis er in der Ferne wieder Helligkeit und eine Öffnung durchschimmern sah, darauf ging er zu. Noch hatte er das Freie nicht ganz erreicht, da stieß sein Fuß an etwas Scharfes, Hartes. Ein Pfeil lag auf dem Boden, ein Pfeil mit schmaler Eisenspitze. Der Bursche hob ihn auf, besann sich nicht lange und schob ihn in das Bündel, das er auf dem Rücken trug. Dann ging er weiter.

Als er den Himmel endlich wieder über seinem Haupte sah, erkannte er, dass es inzwischen längst Nachmittag geworden war. Seltsam schnell schien die Zeit ihm vergangen zu sein. Der Junge schaute sich um. Er befand sich in einem einsamen Talkessel. Ringsum ragten Berggipfel empor. An einer Seite, ihm gerade gegenüber, zog sich zwischen zwei Spitzen ein Gletscher herunter, zu dessen Fuß lag ein See, der in den schönsten Eisfarben leuchtete: weiß und grün. Der Jüngling fühlte, wie eine starke

Müdigkeit ihn überkam, die Augenlider wurden ihm schwer wie Blei, und kurz entschlossen streckte er sich auf einer Felsplatte aus, legte den Kopf auf sein Wanderbündel und schlief ein.

Wie lange er geschlafen hatte, wusste er nicht. Es war Nacht, als er erwachte. Der Mond war schon aufgegangen, sein Licht ließ einige Bergspitzen hell aufleuchten, der Talgrund aber lag noch im Dunkel. Der Junge war von einem seltsamen Klingen geweckt worden. Silbern wie Mondlicht wehte es bald lauter heran, bald tönte es so fein, als wollte es ganz verschweben und schwoll im nächsten Augenblick wieder an. Den Burschen durchfuhr ein freudiger Schreck: Das war die Leier der Gletscherfrauen, die er hörte! Er rührte sich nicht und wagte kaum zu atmen aus Furcht, er könnte das Spiel vertreiben. Er blickte zu dem Gletscher jenseits des Sees hinüber und sah, dass dort aus dem Eis sich etwas erhob, sich regte und bewegte, schwebte und sich drehte. Wie Nebelschleier wogte es, und allmählich, wie das Ganze ein wenig zur Ruhe kam, erkannten die Augen des Jünglings die Gestalten der Gletscherfrauen. Das wunderbare Instrument aber, dessen Tönen ihn geweckt hatte, war nichts anderes als eine Reihe zarter Eiszapfen, feinerer und dickerer, längerer und kürzerer, die in schöner Regelmäßigkeit von einer Felsplatte herunterhingen. Im Vorübergleiten strichen die Gletscherfrauen mit ihren Händen darüber hin und brachten sie so zum Erklingen.

«Die Leier der Gletscherfrauen ist aus Eis!», rief der Bursche da mit lautem Klagen. «Nie und nimmermehr kann ich sie mit mir nehmen und forttragen!»

Wie die Menschenstimme durch den einsamen Talgrund klang, war der Tanz der Gletscherfrauen hinweggeweht, als hätte es ihn nie gegeben. Auch die Leier aus Eis tönte nicht mehr. Schon meinte der Junge, ein Traum habe ihn genarrt, da nahm er um sich herum etwas anderes wahr. Zwischen den Felsen, über und neben den einzelnen Steinen tauchten Zwergengesichter auf, nach und nach dann auch die ganzen Gestalten. Eben hob sich der Mond über die Berge, und wie sein Schein auf die Schar der Gnomen fiel, begannen sie silbrig zu leuchten, als trügen sie Panzerhemden und Rüstungen wie Ritter. Sie schauten den Wanderer auf der Felsplatte vergnügt an, und mit spöttischem Lachen riefen sie sich zu:

«Von Johanni bis Johanni sucht er schon nach der Leier der Gletscherfrauen. Der Dummkopf! Er wusste nicht, dass sie aus Eis gebaut ist!»

«Warum trauert er?», meinte ein anderer. «Weiß er denn nicht, wie das Eis zu härten wäre?»

«Er ist ein Mensch, und Menschen sind dumm», ließ sich nun ein Dritter vernehmen. «Eis mit Mondenstrahlen zu härten, dass es dauerhaft wird wie Kristall, dazu braucht es Zwergenklugheit und der Zwergenhände Geschicklichkeit.»

«Ach, wenn ihr es doch für mich tätet!», schoss es in diesem Augenblick dem Burschen durch den Sinn.

Die Zwerge, als hätten sie seinen Gedanken vernommen, fuhren fort zu rufen:

«Ja, wenn er uns gäbe, was wir aus eigener Kraft nicht zu erlangen wissen! Die Smaragdschlange hütet, was wir gerne hätten, doch sie gibt es uns nicht.»

Immer aufmerksamer horchte der Jüngling, damit ja kein Wort ihm verloren ginge. «Was mag das Kostbare sein, das die Schlange den Zwergen nicht überlassen will?», wunderte er sich im Stillen.

«Die Schlange hat es längst nicht mehr!», rief nun ein Zwerg. «Es steckt im Bündel des Dummlings dort!»

Der Bursche sprang auf seine Füße, um mit den Zwergen zu reden – da sah er keinen mehr, leer lagen die Steine im Mondlicht um ihn her. Doch plötzlich begann der größte Fels im Talgrund wie von innen her zu leuchten. Er erschien durchsichtig, als wäre er aus Glas, und in dem bläulichen Licht wurden die Gesichter der Zwerge sichtbar, dicht über und nebeneinander. Ernst schauten sie jetzt das Menschenkind vor ihnen an.

«Den Pfeil suchen wir», fing einer zu reden an. Er schien der älteste von allen zu sein und stand in der Mitte der Schar. «Die Spitze des Pfeiles ist aus Sterneneisen, und wir könnten Himmelsgeheimnisse darauf erkennen und daraus lesen. Doch die Schlange neidet uns unser Sternenwissen. Sie wollte den Pfeil nur einem Menschenkinde geben, das ein Geheimnis zu ergründen sucht und dabei sieben mal sieben Tage kein Sterbenswort spricht. Du hast das vermocht, und die Smaragdfarbene legte dir den Pfeil vor die Füße. Doch was soll er dir? Seine Sternenschrift kannst du nicht ergründen.»

«Den Pfeil überlasse ich euch gern», erwiderte schnell der Bursche, «wollt ihr mir nur zu der Leier der Gletscherfrauen verhelfen. Härtet das Eis, aus dem sie gebaut ist, nach eurer großen Klugheit und Kunst.»

Der Gnomenälteste nickte, die Übrigen schauten den Jungen unverwandt an. Dann erlosch der Schimmer, der den Fels durchscheinend gemacht hatte, nichts war mehr zu sehen als Gestein im Mondenlicht.

Ohne sich noch lange zu besinnen, holte der Bursche den Pfeil hervor, nach dessen wundersamer Spitze die Zwerge so sehr verlangten, und legte ihn bei dem Fels nieder, aus dem sie soeben noch zu ihm gesprochen hatten. Er wartete ein Weilchen, und als nichts sich regte, ging er wieder zu der Felsplatte und setzte sich darauf nieder.

Er musste wohl unvermerkt wieder eingeschlafen sein, denn plötzlich schreckte er auf wie aus tiefem Schlaf, und um ihn herum war heller Tag. Noch wusste er nicht recht, ob nicht alles, was er erlebt hatte, nur ein Traum gewesen sei, da sah er zu seiner Freude neben sich auf der Felsplatte die Leier liegen, glänzend wie eben gefrorenes Eis und dabei doch fest wie Kristall. An ihrem oberen rechten Ende funkelte ein großer, besonders heller Edelstein. Zwar war sie viel kleiner als das Instrument, auf dem die Gletscherfrauen gespielt hatten, doch als der Junge jetzt behutsam die Saiten anrührte, ertönten sie ebenso hell und weithin klingend.

Eilends machte er sich auf. Den Abstieg ins Tal hinunter fand er ohne Mühe, und es dauerte gar nicht lange, da hatte er den hohen Bergen den Rücken zugewandt und wanderte nordwärts auf der Straße, so schnell seine Füße ihn tragen wollten.

Wie aber war es in all der Zeit dem Mädchen ergangen? Als es mit seiner Mutter in dem Schilfdachhause wieder allein war, schlichen ihm die Tage, Wochen und Monate eintönig dahin. Anfangs hatte es oft Ausschau gehalten nach dem Burschen, ob er nicht bald zurückkehre. Doch wie er immer nicht kam, wie es Herbst wurde und Winter, meinte das Mädchen, ein Unglück müsse ihm zugestoßen sein. Des Mädchens Gesicht wurde von Tag zu Tag blasser und es sprach noch seltener als früher. Auch als der Schnee geschmolzen war und alles ringsum zu grünen begann, wurde ihm nicht leichter ums Herz. So ging es fort, bis der Johanni-Abend wieder vor der Türe stand. Als er hereinbrach, meinte das Mädchen, der Boden des Häuschens begänne unter seinen Füßen zu brennen. Es trat vor die Türe, und ohne recht zu wissen, wie das zugegangen war, befand es sich bald danach auf dem Weg, der zum Walde führte, auf eben dem Wege, den es ein Jahr zuvor mit dem Burschen gegangen war. Es trat in den Buchenwald ein, geriet nach kurzer Zeit in den Talgrund, wo die hohen Farnwedel standen, und nicht lange, so hatte es auch wieder von dem braunen Samenstaub in seinen Schuhen. Die Sonne war eben untergegangen, noch glänzte kein Stern am Himmel. Das Mädchen blickte zwischen den Baumkronen hindurch in das dämmrige Blau empor, und wie es in die Himmelsweiten sah, sprach es so vor sich hin:

«Ach, hätten wir Flügel, mein Liebster und ich, wären wir zwei große Vögel, wir wollten bald beieinander sein.»

Das Mädchen wusste nicht, was es mit diesen Worten anrichtete, sonst hätte es sie gewiss nicht ausgesprochen. Als schöner weißer Schwan mit gebreiteten Schwingen schwebte es plötzlich über dem Wald. Der Bursche aber, der nur noch ein kleines Stück Weges von ihm entfernt gewesen war, wurde im selben Augenblick in einen Adler verwandelt. So flogen sie beide unter dem Himmel dahin, südwärts zog der Schwan, nordwärts der Adler.

Die Mutter des Mädchens hatte unterdessen zu Hause in ihrer Stube gesessen. Auf einmal wurde sie unruhig, sie erhob sich, trat vor die Haustür und rief nach ihrer Tochter. Als alles still blieb und niemand ihr antwortete, ging sie dem Walde zu und weiter bis in den Farngrund. Da musste sie wohl erraten haben, was geschehen war, denn eilig kehrte sie zu ihrem Hause zurück und holte dort aus sorgsam verschlossenem Kästchen eine Kristallkugel hervor. Beim Schein einer Kerze wendete sie die Kugel in den Händen hin und her und blickte lange aufmerksam hinein. Endlich schien sie zufrieden zu sein, als hätte sie gefunden, wonach sie suchte. Sie legte die Kugel an ihren Platz zurück und eilte vors Haus. Dort wandte sie die Augen zum Himmel hinauf und rief laut, lauter als man es ihrer alten Stimme zugetraut hätte:

«Feder zu Finger, Flügel zu Fuß,
Wünschen verliere Gewalt.

Johannilicht, schwinde,
Verzaubertes finde heimwärts
zur wahren Gestalt.»

Da stand das Mädchen wieder vor seiner Mutter, genauso, wie es vor einer Stunde von zu Hause fortgegangen war.

«Was ist geschehen?», fragte es. «Mir ist, als wäre ich ein Schwan gewesen und hätte hoch in Lüften geschwebt.»

«Beinahe hättest du mit deinem Wünschen alles verdorben», murmelte die Alte und fuhr dann fort: «Gib deine Schuhe her!»

«Was wollt Ihr mit meinen Schuhen?», wunderte sich das Mädchen. Doch ohne ein weiteres Wort nahm die Zauberin erst den linken Schuh ihrer Tochter, dann den rechten, leerte jeden sorgsam aus, schrieb mit ihrem Finger ein Zeichen hinein und stellte die Schuhe danach wieder auf den Boden.

«Jetzt geh und richte ein Nachtessen, wir bekommen Besuch», sagte sie schließlich, und das Mädchen wusste nun erst recht nicht mehr, was es von alledem halten sollte, denn so lange es denken konnte, war Besuch in das Schilfdachhäuschen niemals eingekehrt und nun gar zu so später Stunde.

Kaum aber standen Brot und Milch auf dem Tisch, da hörte man durch die Nacht Schritte auf das Haus zukommen. Und als das Mädchen hinausging, um zu sehen, wer denn der Besucher sei, der in der Johanninacht zu ihnen kam, da war es niemand anders als der Bursche mit seinem Wanderbündel auf dem Rücken. Das gab ein freudiges Wiedersehen, ein Fragen und Erzählen, dass bis zum Morgendämmern keins von den dreien im Schilfdachhäuschen ein Auge zutat. Auch die Mutter des Mädchens schien nicht mehr böse zu sein. Als der Jüngling ihr die Leier der Gletscherfrauen reichte, schaute sie ihn ganz freundlich an und sagte dazu:

«Du hast mehr vollbracht, als ich dir zugetraut hätte.»

Das Versprechen, das sie gegeben hatte, hielt die Alte, das Mädchen wurde des Burschen Frau und lebte mit ihm lange zufrieden in dem kleinen Hause. Oft gingen die beiden miteinander hinunter zum Strand, und sobald sie sich zeigten, kam der treue Delphin herangeschwommen, und der wird ihr Freund wohl auch späterhin geblieben sein.

Rätselhaft aber ist, wie diese ganze Geschichte an den Nachthimmel gekommen ist, doch ist sie dort zu sehen mit allem – oder doch mit fast allem – was zu ihr gehört. Deutlich erkennbar sind Leier und Delphin, beide freilich ein wenig klein geraten. Am größten ist der Schwan, der mit weit vorgerecktem Hals nach Süden fliegt. Ihm entgegen zieht der Adler, und dort wo er herkommt, nimmt genau über dem Skorpion ein Gebilde aus vielen Sternen den Himmelsraum ein. Man erkennt nicht leicht, was es ist, bis einem die verschiedenen Sternpaare auffallen, die – immer zwei Sterne dicht zusammengestellt – hier und da und dort in dem Bilde glänzen. Niemand anders ist es als die Schlange, ohne deren Hilfe der Bursche die Leier wohl nie bekommen hätte. Sogar den Pfeil mit der Spitze aus Sterneneisen können scharfe Augen manchmal zwischen Adler und Schwan erkennen. Nur die Zwerge fehlen, und das ist leicht einzusehen, warum. Sie gehören zur Erde, zu Fels und Gestein, darin hausen sie, solange es den festen Erdboden gibt, und das ist schon eine recht lange Zeit!

> Schwingt sich die Milchstraße oben durchs Blau,
> unten, da zirpen die Grillen im Gras.
> Tropft von der Milchstraße duftender Tau,
> liegt auf den Wiesen als kühlendes Nass.
>
> Schimmernder Sternenstrom, fließest so weit,
> reichest von Ende zu Ende der Welt.
> Auf deine Ufer und in deine Flut
> manche hell glühende Sternschnuppe fällt.
>
> Ruht auf gebreiteten Schwingen der Schwan,
> kleiner Delphin hin zum Himmelsfluss flieht.
> Und in der Leier der funkelnde Stern
> summt für die Erde ein Sommernachtslied.

Wenn Schwan und Adler im Südosten hoch dahinfliegen, ist der Sommer schon in den August übergegangen. Aber zu sehen sind die großen Sternenvögel bereits im Juni und noch bis in den Oktober hinein. ▷

Schwan und Leier
Delphin und Adler   Zwischen Schwan und Adler der Pfeil

Von Mitte Juni bis Ende August zieht der Schlangenträger im Süden ▷
über dem Skorpion – vor dem Adler her dem Westen zu.

EINE HERBSTGESCHICHTE

Bei dem Sternbild, das in der nachfolgenden Herbstgeschichte eine wichtige Rolle spielt, werden die überlieferten Bildvorstellungen und Namen ganz verlassen. Der Figur nach, die es am Himmel bildet, wird es zum «Großen Kasten», und damit sind gleich zwei Sternbilder der Griechen zusammengefügt: die Reihe der vier Andromeda-Sterne und der ihnen unmittelbar angeschlossene Pegasus. Im Perseus-Mythos sind Andromeda und Pegasus lockerer verbunden, als es ihr enges Beisammenstehen am Himmel vermuten lässt. Als Perseus die Andromeda zuerst sah, kam er von den Gorgonen zurück. Er hatte der Medusa das Haupt abgeschlagen, dabei war aus ihrem Halse das Flügelross Pegasus entsprungen.

Die übrigen in der Herbstgeschichte vorkommenden Sternbilder tragen die gleichen Bezeichnungen, unter denen man sie auch sonst kennt: Walfisch, Wassermann und Fische. Im Walfisch sahen die Griechen das Meeresungeheuer, dem Andromeda geopfert werden sollte. Das schimmernde Sterngeriesel des Wassermannes wurde im Alten Orient wie in Ägypten und Griechenland mit Wasserfluten, Flussgottheiten oder – im Bereich der Olympier – mit dem Wein und Wasser ausschenkenden Ganymed in Verbindung gebracht. Andererseits spielte das Sternengebilde auch in die griechische Sintflutsage hinein, es stellte in diesem Zusammenhang den Deukalion dar.

Die zarten Sternenketten der zwei Fische wurden schon lange vor dem homerischen Zeitalter, in Babylon und in Ägypten, als Fische-Zeichen betrachtet, ohne dass man Sagen daran geknüpft hätte, die uns überliefert werden konnten.

Die Geschichte vom Moorungeheuer, dem großen Kasten und dem guten Wassermann

Wenn auf Erden die Blätter sich färben, dann taucht die blitzende Pracht der sommerlichen Sternbilder in die Abendnebel ein, schwindet der untergegangenen Sonne nach. Arm wird der Südhimmel an hellen Sternen. In der Höhe sind sie so dünn gesät, dass man sie leicht zählen könnte.

Ein Viereck fällt auf, ein großes, lang gezogenes Viereck, das einem mächtigen Kasten gleicht. An seinen beiden Enden hängen Sternenschnüre, ungleich lange, die aussehen, als wären sie abgerissen. Unter diesem rätselhaften Gebilde, dem Horizonte ein ganzes Stück näher, schimmern zarte Silberpunkte, bilden bewegte Linien, feine Wellen.

Das Herbstblatt des Sternen-Bilderbuches ist nach Süden zu über weite Strecken dunkel und fast leer. Man muss aufs freie Feld hinausgehen und die Augen anstrengen, wenn man erkennen will, was auf diesem Blatt aufgezeichnet steht.

Eine Geschichte aber gehört auch zu den herbstlichen Sternbildern.

Nicht weit vom Meeresufer lebte vor Zeiten ein Bauer mit seiner Frau und seinen drei Kindern, davon waren die beiden ältesten Söhne, das jüngste Kind aber war eine Tochter. Das Mädchen, das seinem Vater kaum bis ans Knie reichte, war weit und breit bekannt. Jedermann hatte es von Herzen gern, doch am liebsten hatten es die Eltern. Des Mädchens Augen waren blauer als der Sommerhimmel, seine Haare glänzten wie gesponnenes Gold.

Zu dem Bauernhof gehörten fruchtbare Äcker und Weiden, und im Schutze eines Hügels, wo der Wind vom Meere sie nicht so grob packen konnte, wuchsen Apfelbäume, die zur Herbsteszeit die schönsten Früchte trugen. Alle Jahr, wenn der Sommer zu Ende ging, wenn Scheune und Keller, Speicher und Kornkammern gefüllt waren und die Bauersleute von der Erntearbeit ausruhen konnten, pflegte der Mann zu sagen:

«Mit keinem König möchte ich tauschen! Nun wolle uns nur der Himmel noch schenken, dass wir fünf alle gesund beisammen bleiben.»

Nicht weit hinter dem Hause des Bauern begann ein Moor, durch das ein einziger schmaler Weg führte. Wich man zur rechten oder zur linken Seite nur einen Schritt davon ab, so fand der Fuß keinen Grund mehr und versank immer tiefer und tiefer. Darum mieden die Leute den Pfad allermeist, gingen lieber in weitem Bogen über die Landstraße und wagten den Moorweg nur in der Not zu nehmen oder an hellen, langen Sommertagen.

Nun trug es sich einmal zu, dass der Bauer zum Markttage in der Stadt gewesen war. Er hatte mancherlei zu besorgen gehabt, und als er endlich an den Heimweg dachte, fing es schon an, dämmerig zu werden.

Es war ein düsterer Herbstabend. Nebel zogen vom Meer, und der Wind heulte über das kahle Land.

«Nehm ich den langen Weg über die Landstraße oder den kurzen durch das Moor?», überlegte der Bauer. Er sah im Geiste sein Häuschen vor sich und die Stube, in der es warm und trocken war, in der das Kaminfeuer flackerte und wo im Kessel die Abendsuppe kochte. Ihn überkam ein solch starkes Verlangen, bald daheim zu sein bei Weib und Kindern, dass er kurz entschlossen den Pfad zum Moor hin einschlug.

«Ich kenne den Weg seit meinen Kindertagen», dachte er, «zudem scheint der Mond hin und wieder durch die Wolken und macht es hell, ich werde mich schon nicht verirren.»

Bald war er am Rande des Moores angelangt und begann guten Mutes, es zu durchqueren. Rüstig schritt er voran. Der rechte Weg schien sich wie von selbst unter seine Füße zu legen, und bald erkannte der Bauer an einem morschen Holzpfahl, der aus dem Sumpf emporragte, dass er die Mitte des Weges erreicht hatte. Er stellte sich vor, wie man zu Hause nach ihm ausschaute und wie sich alle auf seine Heimkehr freuten. Trug er doch in seinen Taschen für jeden ein Geschenk heim, und er lachte vergnügt bei dem Gedanken, dass Frau und Kinder gewiss schon rätselten und rieten, was er diesmal für jedes von ihnen bringen möge. Plötzlich aber entdeckte der Wanderer voller Schrecken, dass er nicht auf den Weg geachtet hatte. Seine Füße spürten nicht mehr den festen Grund, auf dem sie vorher geschritten waren. Weich und feucht fühlte es sich überall an.

Der Mann blieb stehen und wagte sich nicht mehr von der Stelle aus Furcht, noch weiter vom Pfad abzukommen und noch tiefer in das Moor hineinzugeraten. Vorsichtig wollte er sich umdrehen, um mit den Augen den Boden ringsum abzusuchen und zu prüfen. Da erst merkte er, dass der Mond, der als schmale Sichel am Himmel gestanden hatte, untergegangen und die Nacht undurchdringlich schwarz geworden war.

Der Bauer fühlte, dass ihm trotz des jagenden Windes der Schweiß auf die Stirne trat. Wie sollte er nun auf den rechten Weg zurückfinden? Er drehte den Kopf nach rechts und links und rückwärts, um vielleicht irgendwo den Lichtschein zu entdecken, der aus dem Fenster seines Häuschens fallen musste, doch wohin er auch blickte, überall sah er nur die tiefe Finsternis.

«Aber es können doch nur wenige Schritte sein, die mich vom sicheren Grund trennen», dachte er in seiner Not, und er versuchte, den festen Boden wiederzufinden. Doch sein Fuß sank überall ein, und als er in blinder Verzweiflung schließlich einen Sprung wagte, glitt der Boden unter ihm vollends weg, bis zu den Waden steckte er im Sumpf und spürte, dass es ihn von Minute zu Minute tiefer hinabzog.

«Nun ist es aus mit mir», durchfuhr es ihn, «der Tod hat mich beim Genick, da hilft kein Zappeln und Zagen, auch Rufen könnte mir nichts nützen, zu weit bin ich von allen menschlichen Behausungen weg. Überdies heult der Sturm, dass man sein eigenes Wort kaum verstehen könnte. So will ich meine Seele dem Himmel befehlen und still und aufrecht sterben, wie es sich für einen braven Bauersmann geziemt.»

Als er sich eben anschickte, ein Gebet zu sprechen, sah er mit einem Male einen schwachen, bläulichen Lichtschein vor sich.

«Was für ein Spukgesindel schwankt denn da heran, um mir die Ruhe meines letzten Stündleins zu stören?», sprach der Versinkende vor sich hin.

«Ich dächte, ein wenig Gesellschaft käme dir jetzt wie gerufen!», dröhnte eine gewaltige Stimme über das Moor.

«Gesellschaft wäre wohl gut, es müsste nur eben die rechte sein», murmelte der Bauer.

«Ho ho, wer wird so wählerisch sein, wenn ihm das Wasser schon am Halse steht!», klang es lachend zurück.

Wirklich war dem armen Verirrten der Sumpf fast bis an die Schultern gestiegen, er getraute sich kaum mehr zu atmen.

«Wie kommt es», sagte er jetzt zu dem unheimlichen Lichtschimmer hingewandt, «dass du in allem Sturmessausen mein Gemurmel verstehen kannst?»

«Nicht nur, was du hier im Moore sprichst, nein, sogar was du denkst, tönt wie Donner in meinen Ohren», klang es zurück. Und stolz setzte das seltsame Wesen hinzu: «Sie sind aber auch groß genug dazu.»

Jetzt erkannte der Bauer im fahlen Schein einen Kopf mit grünlichem Haar, zottig wie Torfmoos. Das Gesicht darunter war so hässlich, dass der Anblick das Blut in den Adern gerinnen machen konnte. Ungefüge Ohrmuscheln dehnten sich wie zu groß geratene Rhabarberblätter. Zwei tellerrunde Augen funkelten in grünlichem Licht.

«Bald wirst du für immer bei mir sein, bei mir und meinen Brüderlein», brummelte das Ungeheuer. «Entkommen kannst du mir nicht mehr, merkst du's?»

Der Kerl lachte, dass das Moor ringsum zitterte und schwankte und der Bauer noch schneller zu versinken meinte als vorher.

«Du solltest mir lieber heraushelfen, du hässlicher Unhold», knurrte er, «ein lustiger Gesellschafter werde ich dir doch nicht sein.»

«Was gibst du mir, wenn ich dich am Genick packe und auf festen Grund zurücksetze?», fragte das Scheusal.

«Sag, was du haben willst», erwiderte in seiner Hilflosigkeit der Bauer.

«Du bist mir sicher», entgegnete das Moorwesen, «deswegen tausche ich dich nur gegen etwas ein, das mindestens ebenso viel wert ist wie du. Bäuerlein, gib mir dein jüngstes Kind.»

«Meine Tochter?», rief der Mann, «die bekommst du nie und nimmermehr! Hundertmal lieber sollst du mir den Garaus machen.»

«So stirb, du Dummkopf», klang es als Antwort zurück. «Du scheinst es nicht anders zu wollen.»

Als der Bauer darauf stumm blieb, fuhr der Kerl nach einer Weile fort:

«Vielleicht aber lasse ich auch noch anders mit mir reden. Ich und meine Brüder haben Hunger auf Rüben, auf dicke, runde, saftige Rüben, wie sie in fettem Boden wachsen. Versprichst du mir für die nächsten drei Jahre jeden Herbst ein Kistchen voll davon, so sollst du frei sein und leben. Doch die Größe des Kistchens bestimme ich: zehn Schritte lang, fünf Schritte breit und sechs Schritte hoch muss es sein. Sonst würde, was hineinpasst, nicht einmal für eine Mahlzeit reichen.»

«Lieber Himmel», dachte der Bauer, «diese Kiste scheint mir fast so groß zu sein wie mein Haus.» Doch was blieb ihm anderes übrig, als zuzustimmen? – «Ich werde die Rüben schon zusammenkriegen», tröstete er sich.

Der Kerl, als hätte er des Mannes Gedanken erraten, drohte:

«Bringst du die Rüben aber nicht rechtzeitig oder sind es zu wenige, so musst du uns deine Tochter doch noch geben. Tust du es nicht freiwillig, werden wir sie schon zu holen wissen.» Dazu grinste das Scheusal böse, dass sein Maul von einem Ohr bis zum anderen reichte.

Sie machten nun noch aus, dass der Moorkerl die Kiste selber bringen würde und dass er sich den ausbedungenen Lohn zehn Tage vor dem Martinsfest holen sollte. Dann fühlte der Bauer sich plötzlich gepackt, aus dem Sumpf gezogen und recht unsanft niedergesetzt. Doch was zählte das schon, da er wieder festen Boden unter den Sohlen hatte? Triefenden Leibes richtete er sich mühsam auf.

«Nun trotte nur immer der Nase nach, so kannst du nicht mehr fehlgehen», grummelte es hinter ihm her. Dann hörte man lautes Johlen und Platschen, das schließlich ferner und ferner klang, und zuletzt tönte nur noch der Wind über dem weiten Land, und der Regen klatschte und prasselte, so wie es gewesen war, bevor der Mann sich verirrt hatte.

Zwar ging er mit zitternden Knien jetzt doppelt wachsam und vorsichtig, um den Weg ja nicht wieder zu verfehlen, doch der schien sich wie anfangs ganz von selber den Füßen anzubieten, und der Bauer war kaum dreihundert Schritte gegangen, da erkannte er das freundlich erleuchtete Fenster seines Hauses. Wie froh war er da! Trotz seiner Müdigkeit und der feuchtschweren Kleider schritt er immer schneller aus, und das letzte Stück rannte er gar, als fürchtete er, das Moorungeheuer könne ihn im letzten Augenblick doch wieder schnappen und zu sich herabziehen.

Die Bauersfrau und die Kinder merkten dem Manne nicht an, welche

Angst er ausgestanden hatte, freuten sich vielmehr an den hübschen Dingen, die er einem jeden vom Markt heimgebracht hatte, und da es draußen stürmte und regnete, wunderten sie sich auch nicht weiter darüber, dass er die durchnässten Kleider im dunklen Hausflur wechselte, ehe er sich in der Stube ans Herdfeuer setzte. Der Bauer aber konnte die Begegnung mit dem Moorungeheuer nicht vergessen, er dachte Tag und Nacht daran.

Als das Frühjahr herankam und es Zeit wurde, den Acker zu bestellen, säte er auf allen Feldern Rübensamen aus.

«Wovon sollen wir denn im nächsten Jahr leben, wenn uns Korn und Kohl und Kartoffeln fehlen?», fragte die Frau.

Da der Mann aber kein Wort darauf sagte und von Tag zu Tag kummervoller dreinschaute, schwieg sie schließlich. Sie fand sich damit ab, dass Schmalhans Küchenmeister bei ihnen wurde und dass all ihre armseligen Spargroschen draufgingen, um nur das Notwendigste zu kaufen, was sie zum Leben brauchten.

Die Rüben aber, die der Bauer ausgesät hatte, gediehen prächtig. Noch nie war ihm eine so reiche Ernte herangewachsen. Das gab dem armen Manne Trost in seiner Not.

«Vielleicht gelingt es mir doch, den Kasten für die hungrigen Unholde zu füllen», dachte er.

Der Martinstag rückte näher. Da sah der Bauer eines Abends in der Dämmerung an einsamem Orte dicht beim Moor ein hölzernes Viereck aufragen, an dessen Vorder- und Rückseite dicke Eisenketten hingen. Den Bauern dünkte der dunkle, leere Raum ein gierig aufgesperrtes Maul, und eilends machte er sich daran, es mit Rüben zu stopfen. Drei Tage lang schaffte er von früh bis spät, da hatte er den Kasten bis zum Rande gefüllt, es war gerade am Abend vor dem festgesetzten Tage.

Den nächsten Morgen früh schickte der Mann Frau und Kinder mit einer Besorgung ins Dorf, damit sie nichts von dem erführen, was sich zutragen würde. Er selber machte sich klopfenden Herzens auf den Weg zum Moor.

Schon von Weitem sah er die Unholde, wie sie um den vollen Kasten strichen und vor Vergnügen lärmten. Ihrer viere waren beisammen. Laut begrüßten sie den Mann und riefen: «Dir wird es kaum gelingen, das

Kistchen von der Stelle zu rücken, deshalb wollen wir es für dich tun. Doch musst du uns führen und sagen, wohin wir uns wenden sollen, denn wenn wir unsere Kräfte anspannen, vergeht uns Hören und Sehen. Mehreres gleichzeitig zu tun, das liegt unsereinem nicht.» – Damit warfen sie sich die Eisenketten über die Schultern und begannen zu traben.

Der Bauer tat, wie sie von ihm verlangt hatten, was blieb ihm auch anderes übrig, wenn ihm sein Leben lieb war? Auf dem nächsten Wege lenkte er die garstigen Kerle dem Moore zu. Als sie dort angekommen waren, kippten die vier den Kasten kurzerhand um und ließen alle Rüben in den feuchtschwarzen Grund rollen. Das platschte und klatschte, dass es dem armen Manne ins Herz schnitt, wie er die goldgelben Rüben im Moor versinken sah. Doch dann dachte er an sein Töchterchen, bat den Himmel, dass er es ihm erhalten möge, und wandte sich seinem Hause zu.

Im Frühjahr aber, gerade als er wieder seine Äcker mit Rüben bestellen wollte, stand plötzlich der Unhold aus dem Moore vor ihm und sagte:

«Was du uns im vorigen Jahr gegeben hast, hat uns behagt. Doch gelüstet es inzwischen meine Brüder und mich nach Besserem. Diesmal sollst du uns den Kasten mit solchen Früchten füllen, wie die Sonne sie sommerüber reift. Saftige, rotbackige Äpfelchen wollen wir haben.»

«Woher soll ich so viele Äpfel nehmen?», fragte voll Schrecken der Bauer.

«Da sieh du nur selber zu», lachte der Kerl. «Kannst du uns am festgesetzten Tage nicht geben, was wir verlangen, so gehört dein jüngstes Kind uns.» Damit trollte das Scheusal sich davon und ließ den Bauern in seiner Not zurück.

Zwar konnte er nun wieder säen und pflanzen, was er mit Frau und Kindern zum Leben brauchte, aber als seine Apfelbäume zu blühen begannen, schaute er sie besorgt an, und ängstlich beobachtete er, wie sie die Früchte ansetzten. Es erging ihm aber in diesem Jahr mit den Äpfeln nicht anders als im Jahr zuvor mit den Rüben. Wie durch ein Wunder trugen die Bäume reicher denn je, und als der November herankam, konnte der Bauer den Kasten, den die Moorkerle ihm hingestellt hatten, bis obenhin füllen. Sein liebes Kind blieb ihm auch für dieses Mal erhalten.

Im Frühjahr aber, kaum dass der Schnee auf den Äckern geschmolzen war, verlangten die Moorunholde von ihm, er solle ihnen im Herbst nicht Rüben und nicht Äpfel, sondern Korn in die riesige Kiste füllen.

«Es steht uns der Sinn nach etwas, was die goldene Farbe der Sonne trägt», sagten sie. «Und kannst du uns den Kasten voll Getreide nicht herbeischaffen, so ist das Goldhaar deines Töchterchens mitsamt dem Kinde unser.»

Ach, wie ward dem armen Manne da das Herz schwer, denn er wusste, dass er nie und nimmermehr so viel Korn zusammenbringen könnte, wie die Ungeheuer verlangten, und trügen seine Felder selbst dreimal so viel Frucht wie gewöhnlich.

«Jetzt ist es um mein Kind geschehen», dachte er, und die Tränen stiegen ihm in die Augen, sooft er das Mädchen ansah. Noch sorgsamer hielt er das Kind fortan vom Moore fern.

Der Sommer ging vorbei, der Herbst kam ins Land, die Ernte war eingebracht. Obgleich sie gut gewesen war, reichte sie doch kaum aus, den Kasten der Moorkerle bis zur Hälfte zu füllen. Der Bauer hätte am liebsten die Sonne am Himmel festgehalten, damit der Tag, an dem die Ungeheuer kommen sollten, nie hereinbräche. Schließlich aber stand er doch vor der Tür. Am Morgen des Vortages wanderte der Bauer in aller Frühe hinaus zum Meeresstrand, setzte sich hoch über den grünen Wogen auf einen Felsen und meinte, seit die Erde stünde, hätte kein Mensch schwereren Kummer getragen als er.

Wie er so auf die See hinausblickte, sah er plötzlich einen breiten, schwarz glänzenden Rücken auftauchen, und gleich darauf wurde ein Wasserstrahl hoch emporgeschleudert.

«Ein Walfisch!», murmelte der Mann verwundert. «Selten genug verirrt sich einer bis in unsere Gegenden.» Wie er noch schaute, hob sich neben dem Wal ein mächtiges Haupt empor mit grünem, triefendem Haar. Den Mann durchfuhr ein heißer Schrecken. «Der Wassermann!», flüsterte er, sprang auf und wollte schleunigst davonlaufen.

«Bleibe doch!», tönte es über das Wasser bis zu ihm hin. «Wir meinen es gut mit dir, Bauer, und wollen dir helfen! Wir kennen die Not, in die die argen Moor-Riesen dich gebracht haben. Gewiss würden sie morgen kein Erbarmen mit dir haben, drum höre unseren Rat!»

Der Mann blieb stehen. Der Wassermann war inzwischen näher gekommen und sprach:

«Alle guten Geister in Wasser, Erde, Luft und Licht sind den fünf schlimmen Moorwesen seit Langem gram. Bisher konnten wir die Finsteren noch auf keine Weise bezwingen. Wenn du aber Mut hast, wird es mit deiner Hilfe morgen gelingen, die Ungetüme für immer loszuwerden.»

«Was soll ich tun?», fragte der Bauer, der sich nun gar nicht mehr fürchtete. Und der Wassermann erzählte:

«Weit draußen im Meer liegt eine winzig kleine Insel, die trägt in ihrer Mitte einen hohen Stein. Am Fuße dieses Steines, an der Seite, die nach Mitternacht gewendet ist, ruht in der Erde ein flacher Sonnenring. Aus grünem Edelstein ist er geschnitten und geschliffen. Diesen Ring hole hervor, du wirst ihn brauchen. Und in dem Efeugestrüpp, das den Stein überzogen hat, hängt eine Sichel. Auch sie nimm an dich, doch hüte dich, wenn du sie trägst. Sie ist so scharf, dass sie Stein und Eisen durchschneiden kann, als wären sie Schilfrohre. Wenn du mit beiden Dingen zurückgekommen bist, werde ich dir sagen, wie du sie gebrauchen musst. Damit du aber die Insel schnell und sicher erreichst, soll der Walfisch auf seinem Rücken dich zu ihr hintragen. Steige nur auf!»

«Das ist ein nicht geringes Abenteuer», dachte der Mann in seinem Sinn. «Wer aber in solcher Not ist wie ich, darf nicht wählerisch sein.»

Er kletterte, so schnell er konnte, zum Ufer hinab, bestieg sein seltsames Fahrzeug, glitt durch das Wasser bis zu der kleinen Insel, fand alles, wie der Wassermann es gesagt hatte, und stand nach kurzer Zeit wieder unversehrt auf seinen Füßen im Sand. In den Händen hielt er die zauberkräftige Sichel und den wundersamen Sonnenring.

«Gib acht, was ich dir sage», sprach der Wassermann. «Den Sonnenring verbirg, ehe die Nacht anbricht, tief am Grunde des Kastens unter dem Korn. Die Sichel aber nimm in die Hand, wenn du morgen zu den Moor-Unholden hinausgehst. Sie werden sich stellen, als wollten sie dir gut sein, als wollten sie sich bescheiden mit dem Getreide, das du geerntet hast. Heimlich aber haben sie im Sinn, dein jüngstes Kind zu holen, wenn sie das Korn erst haben. Sie werden dich, wie die beiden ersten Male, auffordern, ihr Gespann zu führen. Tue das getrost und guten Mutes, du wirst dabei die Kraft des Sonnenringes zu spüren bekommen. Führe aber die finsteren Kerle nicht dem Moore zu, sondern geradewegs hierher auf den Felsen, auf dem du saßest, als du den Wal und mich erblicktest. Das Weitere wirst du dann sehen. Nur eines noch: Sei wachsam und schneide im rechten Augenblick mit der Sichel die Eisenketten durch, an denen die Ungeheuer den Kasten ziehen. Würdest du zu lange warten, brächte dir das neue Not. Doch zu früh darfst du es auch nicht tun. Und nun Glück zu! Wenn wir uns wiedersehen, wird es dir leichter ums Herz sein.»

Damit verschwand der Wassermann, und auch vom Walfisch war keine Spur mehr zu entdecken. Hätte der Mann nicht den Ring und die Sichel in Händen gehabt, er hätte alles für einen Traum gehalten.

So leise er nur konnte, eilte er zu dem halb gefüllten Kasten, um den Ring unter den Körnern zu verbergen. Am nächsten Morgen aber ging er mit der Sichel im Gewande in aller Frühe hinaus, um die Ungeheuer zu erwarten. Sie wateten bald durch das Moor heran und stapften, dass es nach allen Seiten spritzte und platschte. Diesmal kamen sie alle fünf, hängten die Köpfe über den Kastenrand und grölten:

«Bauer, in diesem Jahr hast du das Halbe für ein Ganzes angesehen! Wir wollen aber ein Auge zudrücken und trotzdem annehmen, was du bringst. Führe uns, du weißt ja wohin.»

Das weiß ich wohl!, dachte der Bauer.

Schon klirrten die Eisenketten, und die ungefügen Klötze legten sich ins Zeug, als gälte es, einen Berg vom Fleck zu reißen. Hatten sie aber gemeint, der Kasten sei diesmal leichter zu ziehen als die beiden ersten Male, so merkten sie bald, dass sie sich geirrt hatten. Allmählich kam es ihnen vor, als wäre er bis oben hin voller Steine, und sie schnauften vor Anstrengung, dass Staub und Laub und dürres Reisig vom Boden aufgewirbelt wurden und höher hinaufflogen, als die Lerchen im Juni steigen. «Bauer, warum hast du uns nicht gesagt, dass Korn so schwer ist?», stöhnten sie.

Der Mann merkte wohl, dass es der Sonnenring war, der da wunderkräftig zu wirken begann. Guten Mutes führte er die fünf dem Orte zu, den der Wassermann bezeichnet hatte.

Es begann aber nach und nach ein seltsames Leuchten aus dem Korn emporzusteigen. Heller und heller strahlte es auf, weiter und weiter breitete es sich ringsum aus, nicht anders, als bräche alles Licht und alle Wärme, die die Sonne den Sommer über in die Körner hineingeschienen hatte, nun wieder daraus hervor. «Meine Brüder, helft mir, mich blendet der Glanz», rief einer von den fünfen. «Wie kann ich dir helfen, da ich nichts mehr sehen kann!», heulte ein zweiter und: «Ich auch nicht! Ich auch nicht!» stimmten die Übrigen ein.

Nun heißt es achtgeben!, dachte der Bauer bei sich, laut aber sagte er: «Ho, frisch zu, meine Pferdchen, wenn ihr erst wieder im dunklen Moor seid, wird das die geblendeten Augen kühlen.»

Er lenkte die Schnaufenden, die aus Leibeskräften zogen, geradewegs zu dem hohen Felsen hin. Als sie dort oben angekommen waren, hörte der Mann die Brandung so wild und donnernd toben wie nie zuvor. Während er einen Blick in die Tiefe wagte, trabten die fünf vor dem Kasten unentwegt fort, und schon stürzte der erste, ehe er sich's versah, kopfüber hinunter und alle Übrigen folgten nach.

«Halt!», schrie der Bauer, «lasst mir mein Korn!» Er schwang die Sichel und zerschnitt blitzgeschwind die schweren Eisenketten, sodass der Kasten mit Korn auf dem Felsen stehen blieb, gerade in dem Augenblick, als er sich anschicken wollte, vornüberzukippen. – Das Meer war, als die schweren Kerle hineinplumpsten, bis zu den Wolken emporgespritzt, gleich darauf hatte es die Finsteren spurlos verschlungen. Dann beruhigte es sich, rollte immer klarer, immer friedlicher auf den Strand und lag zuletzt glatt wie ein Spiegel da. Der Bauer sah für ein Weilchen den Wassermann emportauchen, der ihm lächelnd zuwinkte. Dann fand er sich auf dem Felsen neben dem Kasten voll Korn allein.

Ihm war es, als polterte ein ganzer Felsblock von seinem Herzen herunter. Er wusste sich kaum zu lassen. In weiten Sprüngen eilte er heim und erzählte dort den Seinen, was ihn drei Jahre lang so bedrückt und kummervoll gemacht hatte und welche Not er mit Hilfe des guten Wassermannes an diesem Morgen hatte wenden können. Dann spannte er die Pferde an, und sie fuhren alle zusammen zu dem großen Kasten hinaus. Dort schaufelten sie geschwind das Korn in Säcke, um es heimzubringen in die Truhen. Die Arbeit ging so glatt und geschwind dahin, als hätten viele unsichtbare Hände helfend zugegriffen.

Den wundersamen Sonnenring hielt der Bauer hoch in Ehren. Unter dem Dach seines Hauses hängte er ihn auf und beobachtete wohl, dass ihm seitdem alles, was er nur anfasste, gelang, und dass Krankheit und Not ihn fortan mieden. Auch die scharf schneidende Sichel barg er sorgfältig. «Man weiß nicht, wie man sie noch brauchen kann», dachte er bei sich.

Was aber wurde aus dem großen Kasten, der auf dem Felsen über dem Meer stehen geblieben war? Am Martinsabend ging der Bauer hinaus, um ihn noch einmal anzuschauen. Doch das hölzerne Trumm war nirgends zu entdecken! Es war so spurlos verschwunden, als hätte der Erdboden sich aufgetan und es verschluckt. Auch am schmalen Strand unten, der im Licht der Sterne dalag, fand der Mann kein Splitterchen im Sand. Wie hätte er den Kasten auch dort entdecken sollen, da der doch längst an den herbstlichen Sternenhimmel versetzt worden war! Die guten Geister aus Wasser, Erde, Luft und Licht hatten den Herrn der Elemente gebeten, ihnen das zu gewähren zum ewigen Andenken an den Sieg über die finsteren Gewalten, die die lichteste Frucht von Sonne und Erde, das goldene Korn, hatten rauben wollen und ein Menschenkind dazu.

An dem sonst recht sternenarmen abendlichen Herbsthimmel prangt seitdem hoch über dem Südhorizont das mächtige Viereck. An Vorder- und Rückseite hängen noch Stücke der abgerissenen Eisenketten. Unter dem Viereck aber, ein Stück gegen Sonnenuntergang zu, ist aus vielen zarten Sternen das Bild des guten Wassermannes aufgebaut, wie er die langen Arme weit nach rechts und links gebreitet aufhebt. An seiner Schulterlinie drängen sich die Sterne am dichtesten. Links neben dem Wassermann, noch ein wenig tiefer als er, ist der Walfisch zu erkennen. Seinen Schwanz wendet er dem Wassermann zu, nach Osten aber spuckt er in hohem Bogen einen lichten Wasserstrahl, in dem erglänzt sein hellster Stern. Und zwischen dem Walfisch und dem großen viereckigen Sternenkasten können gute Augen bei klarem Wetter noch zwei zarte, munter springende Fischlein entdecken. Das ganze Reich des Meeres ist am Himmel vertreten, wenn bei uns auf Erden die feuchte Herbstzeit beginnt mit Nebeln, Stürmen und Regen. – Wohl dem, der dann auf guten Wegen ungefährdet zur rechten Stunde stets nach Hause finden kann!

Es muss September werden, bevor man den Großen Kasten sehen kann. ▷
Doch dann steigt er bis Ende November von Abend zu Abend höher über den Südhorizont empor.

Der Große Kasten mit den abgerissenen Ketten

Der Wassermann hält im Jahreslauf mit dem Großen Kasten Schritt, ▷
immer unter den Sternenschnüren an der rechten Seite. Er bleibt aber
tiefer, näher dem Horizont, mit seinen zarten Sternen.

Wassermann

Die beiden Fische zeigen sich nicht oft in voller Deutlichkeit. Sie sind ▷
besonders fein und zart. Der Walfisch, unter ihnen, ist kräftiger. Am
höchsten steht er Ende November, Anfang Dezember.

Großer Kasten

Fische

Walfisch

DIE WEIHNACHTSSTERNE

Eines der schönsten Blätter im Himmelsbilderbuch ist aufgeschlagen um die Mitternachtsstunde der Heiligen Nacht. Vielleicht ist es sogar das allerschönste. Der Winterhimmel ist dunkel wie tiefblauer Samt, und in Kälte und Frost funkeln und glitzern die Sterne, dass man meinen könnte, man höre sie knistern.

Nach Norden zu steht manches Bild, das vertraut ist vom Sommer her. Wie anders aber nimmt es sich jetzt aus! Umgekehrt hat sich alles. Der Große Bär schien nie so riesenhaft und mächtig. In den Himmel hinauf krallt er die Sternentatzen. Man sieht's, dass er zum Sprunge angesetzt hat und noch höher will. Kein Wächter trabt, die Sternenpeitsche schwingend, hinter ihm her wie in milden Sommernächten. Nur die beiden Jagdhunde folgen dem Ungetüm. Niedrig stehen sie über dem Himmelsrande und funkeln matt im Dunst.

Eisenfest hängt der Kleine Wagen am Polarstern. Die Deichsel reckt er hoch, die Räder hat er hübsch ordentlich nach unten gestellt.

Und der Drachen? In Himmels*höhen* ist er zu dieser Stunde nicht zu sehen. Doch lässt er ja den Wagen mit allen Sternenschätzen niemals allein. Hineingeschoben zwischen Pol-Stern und Großen Bären ist der Schwanz des Untieres zu erkennen. Von *unten* her schlingt der lange Leib sich diesmal um den Himmelswagen. Das Drachenmaul ist womöglich noch weiter aufgerissen als sonst und öffnet sich geradewegs zur Erde hin. So tief reicht es herab, dass es eintaucht in die Nebel, die der Abend über das beschneite Land breitet. Was sucht der Drache auf der weihnachtlichen Erde? Wie der Große Bär, von König Arktur nicht bewacht, in den Himmel hinauftrottet, scheint auch der Drache zu dieser Stunde unbezwungen. Weit und breit ist kein Sternenengel zu sehen, der ihm den Fuß auf den Kopf setzte. Wo blieb der strahlende Drachenbezwinger und wo der treue Bärenhüter? Warum fehlen sie in des Jahres heiligster Nacht?

Der neidische Drachen hat immer schon der Erde ihr Glück missgönnt. Wenn er jetzt seinen Kopf herunterreckt, so sucht er gewiss das göttliche Kind, das zur Weihnacht im Stall von Bethlehem geboren wird. Jedes Jahr von Neuem schenkt es sich den Menschen, das macht den Finsteren zornig. Doch schaut er vergebens nach ihm aus. Niemals wird es ihm gelingen, das Kind in der Krippe zu verschlingen, das ist wohl behütet!

Maria hält es in ihren Armen, und Josef wacht bei ihm die ganze Nacht. Auf dem Stroh das Öchslein, das das Neugeborene so fromm mit seinem Atem wärmt, würde gegen den Drachen, wenn er sich zu nahen wagte, gewiss wütend wie ein Stier die spitzen Hörner recken. Und sein Gesell, das graue Eselchen, besänne sich in solcher Not wohl gleich darauf, dass seine Hufe hart sind und kräftig ausschlagen können.

Auch können die Hirten nicht mehr fern sein, die manches Mal schon mit ihren langen Hirtenstäben und mit ihren Schleudern wilde Tiere abgewehrt haben von den Herden. Und sollten diese Frommen alle zusammen nicht aufkommen können gegen des Drachen Grimm, so würde die Schar der Engel, die über dem Stall Gloria singen, herzueilen und den Bösen mit dem Glanz ihrer Herrlichkeit blenden, dass er sich eilends davonmachen müsste.

Niemandem braucht bange zu werden, wenn er zur Weihnachtsmitternacht den Drachen so nahe herabkommen sieht, die Engel werden nicht zulassen, dass er die Erde berührt.

> Du suchst es vergebens,
> Sternenuntier, Sternendrachen,
> du suchst es vergebens,
> das ersehnte Himmelskind.
>
> Zur Weihnacht, zur Christnacht,
> wenn es kommt zur Erde nieder,
> zur Weihnacht, zur Christnacht,
> alle Frommen bei ihm sind.
>
> Bewacht und behütet
> liegt es zwischen Ochs und Esel,
> bewacht und behütet
> schläft es auf Marias Schoß.
>
> Die Engel, die lichten,
> bannen fest an deinen Platz dich,
> die Engel, die lichten,
> breiten ihre Schwingen groß.

An Orion, den gewaltigen Jäger, knüpften sich in Griechenland mehrere Sagen. Alle stellten sie ihn dar als übermächtig, zuweilen aber auch als zügellos und unbeherrscht. Das trug ihm Leiden ein und Strafen von den erzürnten Göttern. Häufig wurde Orion mit Wasser und Meer in Verbindung gebracht, so wie am rechten Fuß seiner Himmelsgestalt auch heute noch das Sternbild des Eridanus, des Weltenstromes, seinen Anfang nimmt.

Zum Jäger gehören die zwei Hunde: der kleine und der große mit dem besonders hell funkelnden Sirius. Auch einen Hasen und – tief am Horizont – eine Taube glaubte man seit ältesten Zeiten bei Orion am Himmel zu erkennen.

Orion mit dem lichten Schwert

Der Sternendrachen reckt in der Weihnachtsmitternacht seinen langen Hals genau nach Norden zur Erde nieder, dorthin, wo Hagel, Schnee und Eis, Frost und beißend kalter Wind zu Hause sind.

Im Süden aber, wo am hohen Mittag die Sonne zu stehen pflegt, dort prangen die Mittwinter-, die Festtagssterne. Ein starker Gegner ist dem Drachen da aufgegangen, ein kühner Held mit schimmerndem Gürtel und blitzendem Schwertgehänge: Orion, der Himmelsjäger.

Hoch steht er über dem Horizonte, und prangt und prunkt mit hellen Sternen, dass es aussieht, als beherrschte er das ganze nächtliche Rund. Und so ist es auch: Orion ist König am Winterhimmel und hat sich diesen Platz durch seine tapferen Taten wohl verdient. – Dies ist seine Geschichte:

Es war einmal vor langer Zeit ein armer Hirt, dem war die Frau gestorben, nachdem sie einem Knaben das Leben geschenkt hatte. Vater und Sohn wohnten in einem winzig kleinen Häuschen, das hatte Wände aus Lehm und ein Dach von Stroh.

Der Mann besaß weder Acker noch Weiden, auch keine Rinder oder gar Pferde, nur ein paar Schafe nannte er sein eigen, zu denen sich im Frühjahr hin und wieder ein Lämmchen gesellte. Die Schafe schenkten dem Manne Milch, doch da er ja auch Mehl und Brot und noch manches andere zum Leben brauchte, hütete er für die Bauern sommerlang das Vieh in den Bergen, und die Bauern gab ihm als Lohn, was er für sich und das kleine Kind nötig hatte.

Wie der Junge heranwuchs, lernte auch er die Schafe hüten, und bald durfte man ihm die Herden des Dorfes allein anvertrauen. Mit denen stieg er in die Berge hinauf, höher, als sein Vater mit den Rindern sich wagen konnte.

Wenn der Junge dann an einem steilen Wiesenhang saß, um sich herum die Tiere das kurze, würzige Gras weiden sah und über sich in den Lüften die Schwalbenflügel im Wind rauschen hörte, dann war er von Herzen froh und hätte mit keinem König tauschen mögen.

Einmal aber – es war im Herbst, und frühmorgens hatte schon ab und zu Reif an Gräsern und Kräutern gehangen – brachen Wölfe in die Herde des Knaben ein. Mit knapper Not hatte er sich ihrer erwehren können, und hätten nicht seine beiden großen Hunde ihm mutig geholfen, so wären gewiss nicht nur seine Schafe, sondern auch er selber zu Schaden gekommen. Trotz aller Tapferkeit aber konnte er nicht verhindern, dass die gierigen Tiere ein Lamm rissen und mit sich wegtrugen. Von diesem Tage an war der Junge noch wachsamer als sonst und dachte bei sich: Die Schafe und Lämmer sind wehrlos, wenn die grauen Wölfe sie anspringen. Ich bin ihr Hirt, ich will sie schützen und mit den wilden Tieren kämpfen.

Als es aber im nächsten Frühjahr sich zutrug, dass ein Adler ihm ein eben geborenes Lämmchen mit scharfen Fängen mitten aus der Herde raubte, wusste der Junge sich vor Zorn und Kummer nicht zu lassen. Er trieb die Herde vom Berg hinunter, trat vor seinen Vater und sprach:

«In den Bergen leben Wölfe und Raubvögel, ich mag dort nicht länger sein. Die Dorfleute sollen sich einen anderen Schafhirten suchen, ich will in die Welt wandern und ein Jäger werden.»

Vergebens bat der Vater ihn zu bleiben, der Junge packte sein Bündel, bat den Vater um seinen Segen und machte sich auf den Weg. Er wusste nicht, wohin er sich wenden sollte und dachte deshalb: Ich will mich um nichts weiter kümmern und es meinen Füßen überlassen, die rechte Richtung zu finden.

Noch nicht lange war er gewandert, als er auf freiem Felde einen Hasen sah, der von einem Fuchs gehetzt wurde. Das arme Tier war schon müde gejagt, und weil es in seiner Todesangst keinen anderen Ausweg wusste, rannte es geradewegs auf den Jungen zu. Der wehrte seinen beiden Hunden, vertrieb den Fuchs mit dem Wanderstab, hob den Hasen vom Boden auf und sprach zu ihm:

«Du bist dem Rechten in die Arme gelaufen. Zuerst war ich ein Hirte, nun will ich mich als Jäger versuchen. Damit aber alle Welt sehen kann, dass die Wehrlosen und Schwachen von mir nichts zu fürchten haben, sollst du Häschen fortan mit uns ziehen, mit mir und meinen Hunden.

Wir vier zusammen werden schon etwas ausrichten und uns nützlich machen können.»

Am Abend kamen sie in einen großen Wald, und als es so dunkel geworden war, dass man nicht mehr die Hand vor Augen sehen konnte, sprach der Junge zu den Tieren:

«Wir wollen hier bleiben und uns auf dem weichen Moos ausruhen bis zum Morgen.»

Nach einer Weile kamen die Sterne hervor und im matten Schein erkannte der Junge, dass er gerade vor einem alten Gemäuer haltgemacht hatte. Es war ein hoher, runder Turm, und wie der Junge sich anschickte, da herumzugehen, um nach einem Eingang zu suchen, hörte er plötzlich über sich im Baum eine wilde Taube gurren. Zunächst ruckedikute sie nicht anders, als Tauben zu tun pflegen, dann aber kam es dem Jungen vor, als vernähme er Worte in dem Gurren, und zuletzt verstand er ganz deutlich, dass die Taube rief:

«Zu dunkler Stund
   im Turmesrund
     steig bis zum Grund
   und suche.»

«Ei, du wunderlicher Rufer», dachte der Junge, «ich will sehen, was du Gutes für mich dort unten versteckt hast.» Und obwohl ihm unheimlich zumute war, wie die Fledermäuse um seinen Kopf flogen und fern die Eulen schuhuten, nahm er sich ein Herz, tastete, bis er eine Öffnung im Gemäuer fand, und stieg auf bröckelnden Stufen Schritt für Schritt in die Tiefe.

Endlich war es ihm, als sähe er in der Finsternis etwas leuchten. Er ging darauf zu und erkannte ein Schwert. «Das kommt mir wie gerufen», lachte der Junge, «nun mögen Wölfe und andere Räuber sich hüten, jetzt kann ich es wohl aufnehmen mit ihnen.»

Kaum aber hatte er ausgeredet, da hörte er über sich wieder das Gurren der Taube, und diesmal klang es ihm fast, als lachte sie ihn aus. Er lauschte und verstand:

«Lahmes Pferd
ist nichts wert –»

«Dazu brauchte ich dich nicht erst, um das zu wissen», wollte er hinauf-
rufen, doch da begann die Taube von Neuem, und jetzt vollendete sie:

«Lahmes Pferd
ist nichts wert,
ohne Helm
führ nie das Schwert.»

«Kannst du mir verraten, wo ein Helm zu finden ist?», fragte der Junge.
Doch wie aufmerksam er auch horchte, aus allen Rufen der Taube hörte
er nichts anderes mehr heraus als «Ruckediku, ruckediku».

Als er mit dem Schwert in der Hand wieder bei seinen Tieren angekommen war, bemerkte er, dass die Hunde unruhig winselten. Das Häschen
schlief friedlich mit offenen Augen, die Hunde aber gaben sich ganz när-
risch und so, als wüssten sie sich vor Freude nicht zu lassen. Doch kehrten
sie nicht ihm ihre Nasen und Ohren zu, sie schauten in das Waldesdunkel,
als käme von dorther etwas, das sie begrüßen wollten. Dabei wagten sie
sich nicht von der Stelle.

Es leuchtete aber aus dem Dickicht allmählich ein schwacher Schein
auf, zuerst blausilbern wie Mondlicht, dann heller und heller, bis er glänzte wie frisch gefallener Schnee, und schließlich erschien in dem Schimmer
ein Tier, zart und anmutig wie ein Reh. Schneeweiß glänzte sein Fell, die
Hufe blinkten wie Silber, nur die Augen waren dunkel wie reife Brom-
beeren. Auf dem Kopfe trug das Tier ein einziges, langes Horn, das glich
einem Sonnenstrahl.

«Ein Einhorn!», staunte der Junge und wagte kaum zu atmen aus
Angst, er könnte das wunderbare Tier verscheuchen. Das Einhorn senkte
den Kopf, kratzte und grub mit seinem spitzen Horn im Moos, und ein
Helm kam zum Vorschein, ein leuchtend goldener Helm. Kaum lag er auf
dem dunklen Waldboden, da stampfte das Einhorn mit den Hufen, warf
den Kopf zurück, sprang leicht wie eine Feder durch das Dickicht davon
und war bald zwischen den Stämmen verschwunden.

Der Junge eilte auf den Helm zu, hob ihn hoch, setzte ihn auf den Kopf und er passte wie angegossen. Es war aber, als ginge von dem Helm eine Kraft aus, die wie Feuer durch des Jungen Leib strömte, bis in Arme und Beine, in Hände und Füße, in Finger- und Zehenspitzen hinein. Er fühlte sich so stark und so nach großen Taten begierig wie nie zuvor in seinem Leben.

Inzwischen begann der Morgen zu dämmern. Die Sonne rötete die Baumeswipfel, und auf der Spitze der höchsten Tanne saß die Taube im Licht, die rief:

> «Ruckediku, ruckediku,
> Orion heißest künftig du.
> Bist wohl bewehrt
> mit Helm und Schwert.
> Nur zu, ein König wartet dein,
> der Quell, er will gehütet sein.
> Erwirb dir den Gürtel von Edelstein,
> Orion soll dein Name sein.
> Hörst du mir zu?
> Ruckediku, ruckediku!»

«Viel Wunderliches hab ich in dieser Nacht erlebt», sprach der Junge bei sich selbst. «Und da bisher alles eingetroffen ist, wie die Taube gesagt hat, so wird sie wohl auch jetzt die Wahrheit reden. Kommt, meine Tiere, wir wollen suchen, wo wir den König finden, der auf uns wartet!»

Also machten die vier sich wieder auf den Weg. Nach einem Weilchen sahen sie, dass die Taube ihnen von Weitem folgte.

«Nur zu», meinte der Junge, «fünf sehen mehr als vier, vor allem, wenn einer der fünf Flügel trägt.»

Nicht lange, so kamen sie in ein fremdes Land. Da gingen die Menschen still und traurig einher, als drücke sie alle ein schwerer Kummer. Niemand lachte, niemand sang, nirgendwo hörte man auch nur ein fröhliches Wort. Verwundert schaute der Junge das eine Weile an. Endlich fasste er sich ein Herz und fragte einen Mann, der des Weges kam, an was für einem Leid sie denn gar so schwer trügen. Der Mann schaute den Fremden prüfend an, betrachtete den Goldhelm, das Schwert und die Tiere und sagte dann: «Ehe ich dir antworte, nenne mir zuerst deinen Namen.»

Der Junge besann sich, dachte an die Worte der Taube und sprach: «Orion werde ich genannt.»

Da fasste der Mann des Jungen Hand: «So bist du der Held, auf den wir lange schon warten», rief er. «Geschwind, folge mir, dass ich dich vor den König führe.»

Ehe der Junge recht wusste, wie ihm geschah, stand er schon in einem Thronsaal vor marmornen Stufen.

«Herr König», stammelte der Mann und verneigte sich tief, «hier bringe ich euch Orion, von dem euch geweissagt wurde, dass er allein unser Land aus der großen Not erretten könne.»

Der Jüngling blickte auf. Er fiel vor dem König aufs Knie und sprach: «Erzählt mir Eure Not. Wenn ich es vermag, will ich sie wenden.»

«Ach», begann da der König, «mein Land war einst fruchtbar und reich wie kein zweites auf Erden. Doch stammte all sein Segen aus einem einzigen Quell, der hoch im Berg aus den Felsen springt und mit seinem Wasser die Erde des Landes tränkt und nährt.

Seit sechs Jahren aber kommt alle Winter Nacht für Nacht ein Riese, dessen Atemhauch weit umher eisigen Frost verbreitet. Er legt, sobald die Abenddämmerung hereinbricht, seine Fäuste auf den Quell und haucht ihn an. Davon gefriert gleich alles in weitem Umkreis härter als der härteste Stein. Die Wasser des Quells ziehen sich in die Erdentiefen zurück. Das dauert, bis der erste Sonnenstrahl den Felsen trifft. Nun hat aber die Sonne im Winter nicht genug Kraft, um tagsüber das nächtliche Tun des Riesen vollends wiedergutzumachen. Deshalb rinnt das belebende Wasser von Tag zu Tag spärlicher. Und weil des Riesen Gewalt zudem von Winter zu Winter zunahm, floss der Quell von Jahr zu Jahr schwächer. In diesem Jahr kommt der Riese zum siebten Male, da will er sein schlimmes Werk vollenden und den Quell ganz zum Versiegen bringen. Das tut der Missgünstige, weil er weiß, dass in unserem Land einst die wunderbare Rose erblühen soll, die dem, der sie reinen Herzens anschaut, ewige Jugend verleiht. Die will er verdorren lassen, bevor sie noch grünte.»

«Und gibt es kein Mittel, das Tun des Riesen zu verhindern?», fragte der Jüngling.

«Wir wissen nur von einem einzigen», antwortete der König. «Der Held Orion mit dem lichten Schwert, so heißt es, müsse ohne eines anderen Menschen Hilfe hundert Nächte lang mit dem Riesen kämpfen. Und wenn er in keiner einzigen Nacht unterliege, sei des Bösen Macht gebrochen. Willst du, so beginnt morgen, wenn die Sonne sinkt, die erste der hundert Nächte, die über Leben oder Tod dieses Landes entscheiden.»

«Ich will», sprach der Jüngling und erhob sich, «lasst mich hinauffahren in die Berge, dorthin, wo der Quell entspringt. Aber meine Tiere müssen mit mir gehen, von denen trenne ich mich nicht.»

Voll Freuden ließ der König zwei Diener kommen, die wiesen dem Jüngling den Weg. Am Nachmittag des folgenden Tages waren sie am Ziel angekommen. Die Diener kehrten eilends zur Stadt zurück, und als der Abend hereinbrach, stand der Jüngling mit seinen Tieren allein am Quell und erwartete klopfenden Herzens den Riesen. Der ließ nicht lange auf sich warten. Er lachte, als er einen Menschen auf dem Felsen stehen sah, hauchte ihn mit seinem eisigen Atem an und rief:

«Das wird dir das Blut in den Adern erstarren lassen!»

Fast hätte das frostige Wehen den Jüngling zu Boden geworfen. Doch dann spürte er wieder, wie die Feuerkraft, die vom Goldhelm ausstrahlte, ihm durch den Leib strömte. Fest stellte er sich auf seine Füße und rief dem Riesen zu:

«Wisse, man nennt mich Orion mit dem lichten Schwert!»

«Oh, so muss ich mit dir kämpfen», knurrte da der Finstere.

Aus dem bläulichen Eis, das sich in weitem Umkreis rings um den Quell gebildet hatte, riss er ein gewaltiges Stück los und schwang es an Stelle einer Waffe. Orion zog sein Schwert, und nun begann ein Kampf, der ebenso schrecklich wie seltsam war. Der eine stand hüben, der andere drüben vom Quell. Der Jüngling konnte sich der ungeheuren Kräfte des Riesen nur erwehren, indem er flink wie ein Wiesel bald hierhin, bald dorthin sprang und mit nie ermüdender Wachsamkeit dem Eisklotz auswich, wenn der niedersauste. Gleichzeitig versuchte er dem Riesen manche schlimme

Wunde beizubringen. Das Ganze war so furchterregend anzusehen, dass die Tiere sich scheu zurückzogen und nur von Weitem zuzuschauen wagten, dabei winselten die Hunde leise. So währte der Kampf die ganze Nacht. Zwar begannen die Kräfte des Riesen gegen Morgen allmählich zu erlahmen, doch fühlte auch Orion, wie die Müdigkeit ihn zu Boden werfen wollte. Mit Mühe hielt er sich aufrecht und sehnte das Licht des Tages herbei. Endlich hob sich groß und rot am Himmelsrande – die Wintersonne und streifte mit ihrem Licht den Quell. Da schrie der Riese auf, dass es von allen Bergen widerhallte. Mit den Armen verdeckte er seine Augen, als blende ihn der Tagesschein, er wandte sich einer dunklen Schlucht zu und stürzte davon.

Orion sank zu Boden und fürchtete, er müsse sterben vor Erschöpfung. Da gewahrte er, wie die Sonnenstrahlen aus dem gefrorenen Quell ein dünnes Rinnsal lösten. In seinem Goldhelm fing er es auf und trank davon. Gleich fühlte er sich belebt und gestärkt. Er streckte sich zum Schlaf aus. Hunde und Häschen kamen herbei und schmiegten sich an ihn, um ihn zu wärmen, während die Taube sich auf eine Felsspitze setzte. So verbrachten sie den Tag. Die Taube weckte die Schlafenden erst wieder, als die Sonne zu sinken begann, Schatten und Dunkelheit alle Täler füllten und Orion sich erneut zum Kampfe rüsten musste.

So ging es nun Abend für Abend, Nacht für Nacht, Tag für Tag fort. Immer heftiger und erbitterter rangen die beiden ungleichen Kämpfer miteinander, immer zorniger wurde der Riese, je mehr Nächte vorübergingen, in denen es ihm nicht gelang, den kleinen Menschen zu besiegen. Orion trat dem Finsteren von Mal zu Mal geübter und geschickter entgegen, doch gleichzeitig wuchs auch die Macht der Müdigkeit, die ihn bezwingen wollte. Manchmal meinte er, gar keine Kräfte mehr in sich zu spüren, und erst, wenn das Quellwasser ihn belebt und tiefer Schlaf ihn erquickt hatte, kehrten ihm Mut und Zuversicht zurück. Auch ging die Sonne am Morgen schon merklich früher auf und zögerte am Abend immer länger, ehe sie versank.

Schließlich waren von den hundert Nächten nur noch drei übrig, in denen Orion sich bewähren musste, doch er ahnte, dass für diese letzten Nächte der Riese alle seine Kräfte einsetzen würde, um den wunderbaren

Quell für immer in seine Gewalt zu bekommen. So sagte der Jüngling, als die Taube ihn am Abend weckte:

«Täubchen, und alle meine Tiere, könntet ihr mir nur beistehen: heute, morgen und die letzte Nacht.»

Da steckten die Hunde ihre Nasen in seine Fäuste, als wollten sie sagen: «Wir verlassen dich nicht.» Und wirklich blieben sie neben ihm, der eine rechts, der andere links, und sie wichen auch nicht von ihres Herrn Seite, als der Riese sich nahte. Sooft in dieser Nacht der Kampf für Orion besonders bedrohlich werden wollte, sprangen die Hunde zu, schnappten dem Riesen nach Beinen und Rücken und bissen mit ihren scharfen Zähnen zu. Zwar konnte der Riese die vierbeinigen Helfer des Jünglings immer wieder abschütteln, doch verwirrten und behinderten sie ihn, und als der Morgen dämmerte, musste er sich auch für das achtundneunzigste Mal geschlagen geben.

Dankbar streichelte Orion seine Hunde. «Für diese Nacht hätten wir es wieder einmal geschafft», sagte er, «wie mag es uns in der nächsten ergehen?»

Es begann aber, sobald die drei müden Streiter im wärmenden Sonnenlicht eingeschlafen waren, an diesem Tage der Hase ein emsiges Tun. Jenseits der Quelle, wo der Riese während des Kampfes zu stehen pflegte, scharrte er ein Loch, so tief, dass er selber darin schließlich ganz verschwand, und stundenlang kam er nicht wieder zum Vorschein. Gegen Abend erst tauchten die Hasenlöffel wieder auf.

Als im Kampf dieser vorletzten Nacht alle drei Streitenden sich der Wucht des Riesen kaum mehr zu erwehren wussten, brach plötzlich unter dem turmschweren Kerl der Boden ein, dass er stolperte, stürzte und erst nach mühsamen Versuchen wieder auf die Füße kam. Das gab Orion und den Hunden manchen Vorteil, und der Riese musste sich schließlich besiegt davontrollen. Das Häschen aber trommelte mit seinen Läufen einen Freudenwirbel auf den Boden, weil ihm sein Vorhaben so gut geglückt war. Kaum dass der Riese fort war, machte es sich wieder an die Arbeit, scharrte noch eifriger und unterhöhlte den Boden noch weiter und tiefer als am Vortage.

So nahte die Nacht des letzten Kampfes, der alles entscheiden sollte.

«Und kämest du mit hundert Hunden und gebrauchtest du tausend Listen, heute wird alles dir nichts nützen», brüllte der Riese, als er mit langen Schritten angestapft kam. Der Eisblock, den er sich diesmal als Waffe losriss, war gewaltig wie keiner bisher, und wenn er ihn in seiner Faust schwang, ging ein Heulen und Sausen durch die Lüfte, dass man meinen konnte, ein Berg stürzte nieder. Auch sah der Riese sich diesmal besser vor, und als der ausgehöhlte Boden unter ihm einbrach, stolperte und schwankte er nur ein wenig, ohne zu fallen. Orions Knie begannen vor Erschöpfung zu zittern. Die Arme wollten ihm ermattet niedersinken und er meinte schon, sein letztes Stündlein habe geschlagen. In diesem Augenblick hörte er durch das Kampfgetöse hindurch über seinem Haupte die Taube rufen:

«Ruckediku,
     was zagest du?
     Hab Zuversicht,
     Tag bringt das Licht.
     Der Stärk're bist du!
     Ruckediku, ruckediku.»

Gleichzeitig vernahm der Jüngling, dass der Quell mit leisem Glucksen wieder zu rinnen begann, und er spürte, dass die Taube mit ihren Flügeln ihm Tropfen des belebenden Wassers auf Stirn und Lippen sprühte. Da drang Orion frisch wie zu Beginn des Kampfes gegen den Riesen vor. Der Quell trennte die beiden Streitenden nicht mehr. Schritt um Schritt wich der Riese zurück, und mit jedem Fußbreit Boden, den er aufgeben musste, schien seine Kraft abzunehmen. Immer schwankender torkelte er rückwärts, und gerade, als Orion ihm die Spitze seines Schwertes auf die Brust setzen wollte, flog der erste Sonnenstrahl in den Himmel hinauf. Der Riese stolperte Hals über Kopf in eine tiefe Schlucht hinein, sodass er sich zu Tode fiel. Sein Sturz ließ die Berge erzittern.

Im selben Augenblick brach mit Donnergetöse das Eis, das die Wasser des Quells so lange gefangen gehalten hatte. Rauschend stürzten sie zu Tal, und wo die Tropfen auf Erde und Felsen sprühten, sprossen Gräser und Blumen hervor. Voll Freuden sah Orion das. Dicht neben dem Quell setzte er sich nieder, band Helm und Schwert los und legte sie auf den Boden. Das Häschen hüpfte auf seinen Schoß, die Hunde schmiegten sich an ihn und das Täubchen setzte sich jenseits des Baches auf einen Stein und putzte sein Gefieder.

Da drangen aus dem Tal herauf Stimmen, und ein Weilchen später sah Orion unter sich auf dem Weg im Sonnenlicht eine Krone aufleuchten. Er erkannte Menschen, immer mehr und mehr, und es dauerte gar nicht lange, da stand der König vor dem Jüngling und reichte ihm einen goldenen Gürtel, der war über und über mit Edelsteinen besetzt, doch das schönste an ihm waren drei Diamanten, groß wie Taubeneier, die funkelten, dass es einem die Augen fast blendete.

«Nimm den Gürtel zum Dank für deine Tat», sagte der König, «und wenn der Himmel meine Bitte erhört, wird er dir noch weit reicheren Lohn geben, als Menschen es vermögen.» Dann gürtete er den Jüngling, der froh vor ihm niederkniete, während alle Bewohner des Landes, die mit dem König gekommen waren, Orion zujubelten.

Endlich schickte man sich an, wieder niederzusteigen ins Tal. Doch wie der Jüngling sich bückte, um Schwert und Helm vom Boden aufzuheben, da löste der Helm sich auf in lauter goldenes Strahlen, sodass Orion mit den Händen in die leere Luft griff. Es war, als sei der Helm, der ihn in hundert Kämpfen geschützt hatte, nichts weiter gewesen als verdichtetes Sonnenlicht. Des Jünglings gutes Schwert aber, das blieb ihm.

Was weiter geschah? In der Nacht, bevor jene wundersame Rose aufblühte, von der der König dem Jüngling gesprochen hatte, erhörte der Himmel des Königs Bitten und versetzte den Helden Orion zum ewigen Andenken an seine kühnen Taten unter die Sterne. Dort hält er die Wacht während der ganzen Zeit der dunklen Winternächte. Wenn der Martinsabend naht, zieht er nach Sonnenuntergang im Osten langsam herauf. Zur Mitternachtsstunde der Heiligen Nacht steht er am höchsten, genau im Süden, dem Sternendrachen gegenüber. Und erst, wenn gegen das Frühjahr hin die Tage wieder länger zu werden beginnen, verlässt er seinen Hüterplatz am Himmel.

In klaren Nächten sieht man Orion mit hellen Sternen auf die Erde funkeln. An seinem Edelsteingürtel glänzen die drei Diamanten, sein Schwert schimmert. An Orions rechtem Fuß beginnt der Sternenfluss Eridanus seinen gewundenen Lauf und erinnert an den lebenspendenden Quell, den der Held befreite. Um den Strahlenden versammelt sind alle seine treuen Tiere: Zu Füßen hockt mit langen Ohren der Hase; dicht über dem Horizonte, zuweilen ganz versteckt im Dunst, sitzt die scheue Taube. Großer und kleiner Hund folgen ihrem Herrn zur Linken. Jeder von ihnen wurde zum Lohn für sein tapferes Helfen mit einem besonders hellen Stern beschenkt. Und zwischen den beiden Hunden – nur für scharfe Augen an besonders klarem Himmel zu entdecken – ist als zarter Zug von drei kleinen Sternen das Einhorn im Sprung gezeichnet.

Werden lang die Winternächte,
hält Orion Himmelswacht.
Auf die dunkle Erde funkelt
seines Gürtels Sternenpracht.

Wachsam folgen ihm die Hunde,
scheues Einhorn schimmert zart.
Fürchtet keins sich vor dem andern
auf der langen Himmelsfahrt.

Und der Hase und die Taube
hocken zu des Hüters Fuß.
Niederwärts nach Westen schwinget
silbern sich der Sternenfluss.

Um die kalte Wintererde
es wie Duft von Rosen weht,
wenn im Chor der Weihnachtssterne
der Orion leuchtend steht.

Mit dem Dezemberbeginn taucht Orion allmählich am Abendhimmel ▷
im Osten auf. Je weiter es in die Nacht und in den Winter hinein geht,
desto strahlender beherrscht er den Himmel im Süden.

Orion mit erhobenen Armen und Schwertgehänge

So findet man Orion mit seinen Tieren, dazu auch den Fluss, am ▷
südlichen Weihnachtshimmel um Mitternacht.

Kleiner Hund
Großer Hund

Orion
Hase
Taube

Der Fluss

*Die Bezeichnung «Zwillinge» für das bekannte Tierkreisbild über-
nahmen die Griechen bereits von älteren Kulturen, und zunächst verbanden sie keine bestimmten Vorstellungen oder Namen damit. Erst zu
Alexanders Zeiten ordneten sie der auffallenden Sternengestalt Zwil-
lingspaare aus dem Kreise ihrer Heroen zu. Meistens dachten sie dabei
an die Dioskuren, an die Zeussöhne Kastor und Pollux. In Griechenland
wie auch in Rom galten diese als hilfreiche Gottheiten, besonders bei
Seefahrern und bei Kriegern.*

*Die Sterngruppierungen der Plejaden und der Hyaden haben zwar
– jede für sich – besondere Bedeutungen gehabt: Die Plejaden galten
für das Bilderbewusstsein der Griechen als sieben Nymphen oder – im
Zusammenhang mit dem Jäger Orion – als sieben Tauben; den Hyaden
schrieb man einen Zusammenhang mit Regen und Fruchtbarkeit zu.
Das alles aber hinderte nicht, die beiden Sterngruppen hineinzusehen
in das eindrucksvolle Bild des Stieres und sie in ihm gleichsam aufgehen zu lassen. Das Altertum kannte manchen Stierkult oder bewahrte
zumindest noch Erinnerungen daran. Den Himmelsstier brachte man
vor allem mit zwei Sagen in Verbindung: entweder mit dem wilden
kretischen Stier, den Herakles zu bändigen hatte, oder mit dem zah-
men weißen Stier, in den Zeus sich verwandelte, um die Königstochter
Europa von Phönikien nach Kreta zu bringen.*

Die Geschichte vom Himmelsstier
und den königlichen Zwillingsbrüdern

Vor langen Zeiten lebte im Morgenlande ein König, der herrschte über ein großes Reich. Er war weise und gütig, seinem Lande erging es wohl und das Volk liebte ihn.

Der König hatte zwei Söhne, die am gleichen Tage das Licht der Welt erblickt hatten und unzertrennlich waren, wie Zwillingsbrüder zu sein pflegen. Was der eine wollte, das war auch dem anderen lieb. Freute sich der eine, so tat es der andere mit ihm, zusammen klagten sie, wenn einen der beiden ein Leid getroffen hatte, und nie sah man einen der Brüder ohne den anderen.

Da geschah es eines Tages, dass große Not über das Land hereinbrach. Von den hohen Bergen herab, deren Gipfel keines Menschen Fuß je betreten hatte, tönte allabendlich lautes Donnern und Dröhnen. Die Erde erzitterte, dass die Menschen erschreckt aus den Häusern ins Freie stürzten, weil sie fürchteten, Mauern und Dächer könnten zusammenbrechen und sie unter sich begraben. Am Ende eines jeden Tages, sobald die Sonne am Himmelsrande versunken war, begann das schreckliche Spiel und endete erst lange nach Mitternacht.

Nachdem das eine Weile so fortgedauert hatte, barst an manchen Orten im Lande der Erdboden. Tiefe Klüfte taten sich auf, Rauch und Flammen brachen daraus hervor und ängstigten zur Nacht die Menschen mit ihrem lodernden Schein. Und – als wäre damit des Unglücks noch nicht genug – rückten von mehreren Himmelsrichtungen her feindliche Heere auf das Land zu und drohten über seine Grenzen einzufallen, um es zu verwüsten und auszuplündern. Zwar konnte der König den Feinden tapfere Krieger entgegensenden und damit die Gefahr vorerst abwenden, doch schien ihm das Zusammentreffen so vieler Missgeschicke nach langen glücklichen Zeiten nicht gewöhnlicher Art zu sein. Deshalb versammelte er die

Weisen seines Reiches um sich und befahl ihnen, nach der Ursache der Schrecken zu forschen.

Es gab aber unter denen, die nun begannen, sich in die heiligen Bücher zu vertiefen, einen uralten Mann. Schon seit vielen Jahren lebte er als Einsiedler in einer Höhle hoch oben im Gebirge. Die Menschen sagten von ihm, er kenne die Geheimnisse der Sterne und der Steine und wisse mehr als alle Priester und Weisen zusammen. Aus der Königsstadt und aus den Dörfern schickte man ihm jede Woche ein wenig Brot und ein paar Früchte zur Nahrung. Sahen die Menschen die Adler kreisen über dem Ort, wo der Alte hauste, so flüsterten sie einander zu: «Jetzt spricht der Himmel durch seine Boten mit ihm.» Tauchte aber der schlohweiße Kopf des Einsiedlers einmal in ihren Ortschaften auf – was freilich selten genug geschah – so machten alle dem Alten ehrfürchtig Platz oder baten ihn wohl auch um seinen Segen.

Am Morgen des dritten Tages bereits ließ dieser Einsiedler dem König melden, er wünsche ihn zu sprechen, denn er glaube, ihm sei offenbar geworden, was der König zu wissen begehre. Man führte den Alten eilig in den Thronsaal. Dort erklärte er, seine Botschaft sei allein für den König und dessen beide Söhne bestimmt, und nachdem alle Übrigen den Saal verlassen hatten, begann der Alte:

«Euer Wissen ist groß, o König, doch manches blieb ihm verborgen. So haust in einem weiten Felsentale, wo die Berge eures Landes ganz unwegsam und einsam sind, seit Urzeiten ein Stier. Niemand außer mir hat ihn je gesehen, und auch mir ist nicht bekannt, woher er stammt, wie er an jenen Ort gekommen ist oder wie lange er dort oben schon lebt. Nur selten glückte es mir bisher, das wundersame Tier zu erspähen von einer der Bergeshöhen herab, die das Tal einschließen. Meistens weidet es friedlich in den Gründen oder hat schlummernd den Kopf mit den mächtigen Hörnern auf die Vorderbeine gelegt.

Dass es mit diesem Tier eine besondere Bewandtnis hat, erfuhr ich durch seltsamen Zufall. In einer Sternennacht im Sommer saß ich vor meiner Höhle, und wie ich die Augen zum Himmel gewandt hielt, fiel eine Sternschnuppe nieder. Näher schien sie mir als alle, die ich je hatte fallen sehen. Und als ich es nach einer Weile in den Lüften pfeifen und rauschen hörte, dazu dann wenige Augenblicke später ein helles Aufschlagen vernahm wie von fallendem Gestein, machte ich mich auf, sobald der Morgen dämmerte, und suchte in der Richtung, aus der ich den Laut vernommen hatte.

Nicht lange, da entdeckte ich das Stück Sterneneisen. Es war auf eine Felsplatte niedergesaust, und ich bückte mich, um es aufzuheben. In diesem Augenblick erkannte ich auf der Steinplatte deutlich Zeichen, halb verwitterte Schriftzeichen einer fremden Sprache. Das Ganze erschien mir wie ein Wink vom Himmel.

Jahre sind seitdem vergangen. Unermüdlich habe ich geforscht, gefragt und gesucht, um die Inschrift auf dem Stein zu entziffern. Lange blieb sie mir rätselhaft und verschlossen. Endlich unterschied ich erste Worte, und bald darauf konnte ich erkennen, dass die Schrift von dem Stier in dem Felsentale sprach. Als du mich mit den Weisen deines Reiches rufen ließest, waren nur wenige Zeilen mir noch dunkel. Jetzt aber weiß ich auch, was diese Zeilen sagen wollen.»

«Und was ist das?», fragte einer der beiden Brüder, «lass uns den Sinn der Inschrift wissen.»

«Wartet noch», entgegnete der Alte, «denn zuvor müsst ihr euch entscheiden. Für Menschen aus königlichem Stamm enthalten die Zeichen auf dem Stein eine Botschaft, der sie folgen müssen, sobald sie sie kennen. Eine schwere Aufgabe ist zu vollbringen. Hörtet ihr davon, ohne zu handeln, so wäre es für euch und euer Land besser, ihr hättet sie nie vernommen. Das Unglück, das euch jetzt heimsucht, wäre nur der Beginn von Schlimmerem, was dann folgen müsste.»

Ernst und besonnen sagte der König: «Wenn aus deinem Wissen Hilfe erwachsen kann, so sprich.» Und die Zwillingsbrüder nickten zustimmend mit dem Kopf.

Da begann der Alte von Neuem:

«Die rätselhafte Inschrift berichtet: Alles Glück und Wohlergehen eures Reiches ist eng verbunden mit dem geheimnisvollen Stier, der einsam im Kranz der Bergesgipfel haust. Solange es diesem Tier wohl ergeht, blüht und gedeiht auch das Land. Doch wird einmal eine Zeit kommen – so sagen die Zeichen auf dem Stein –, da wird der Stier beginnen zu toben und zu wüten, dass die Erde davon erzittert. Die Berge werden bersten und Feuer speien. Krieg wird über das Land hereinbrechen. Das Tier ist aber nur deshalb so voll Zorn, weil es spürt, dass eine besondere Stunde gekommen ist. Der Stier verlangt dann danach, ein Bild des Wesens zu sehen, das mächtiger und edler ist als er selbst in all seiner Kraft. Und Menschen aus königlichem Geblüt müssen es sein, die ihm dieses Bild entgegentragen. Geschieht das, so haben die Schrecken ein Ende, eine neue Zeit bricht an, eine glücklichere Herrschaft beginnt.»

Aufmerksam hatten die Brüder die Worte des Alten angehört. Jetzt sprangen sie auf und riefen:

«Vater, das ist unsere Aufgabe, erlaube, dass wir uns daran versuchen!»

Und ehe noch der König hatte antworten können, wandten die beiden sich dem Alten zu und fragten:

«Was für ein Bild ist es, das wir mit uns führen müssen, damit der Stier sich beuge? Was ist königlicher, edler und mächtiger als er?»

Der weißhaarige Alte entgegnete:

«Davon verrät die Schrift auf dem Steine nichts. Auch dürfte ich es euch nicht sagen, selbst wenn ich es wüsste.»

Nach ernster Beratung wurde beschlossen, dass die Jünglinge mit dem Einsiedler in die Berge hinaufziehen sollten. Dort in der Einsamkeit hofften sie zu ergründen, was den Zorn des wundersamen Stieres besänftigen könnte.

Den Weisen seines Reiches ließ der König melden, sie brauchten nicht länger zu forschen, doch sollten sie beten und Bittopfer darbringen. Über diese Nachricht wunderten sich die heiligen und gelehrten Männer gar sehr.

Die Königssöhne lebten unterdes bei dem Alten in den Bergen. Zunächst hatte er ihnen das Stück Sterneneisen gezeigt. Dann führte er sie zu der Felsplatte und lehrte sie die Inschrift lesen; und allmählich bereitete er sie darauf vor, den tobenden Stier zu sehen. Die Jünglinge mussten all ihren Mut zusammennehmen, wie sie dem Felsentale von Tag zu Tag ein Stück näher kamen und der Boden unter ihren Füßen bebte und schwankte, dass sie sich kaum aufrecht halten konnten. Von den steilen Bergwänden ringsum donnerten Felsblöcke und drohten sie zu erschlagen. Die Luft erdröhnte vom Brüllen des Stieres, dass die Königssöhne meinten, den Laut nicht länger ertragen zu können. Einzig der Anblick des weißhaarigen Alten, der furchtlos und unbeirrt vor ihnen her schritt, gab ihnen die Kraft, sich weiter zu wagen. Doch führte er sie nie bis zu einer Stelle, von wo aus sie das Tier hätten erblicken können. «Das Letzte und Schwerste müsst ihr alleine tun», hatte er ihnen gesagt.

Alle Stunden, die sie in der Höhle des Einsiedlers blieben, während er sich draußen zu schaffen machte, verbrachten die Jünglinge in tiefem Sinnen.

«Nun, habt ihr gefunden, was für ein Bild ihr dem Stier entgegentragen müsst?», fragte der Alte zuweilen. Doch traurig schüttelten sie den Kopf. Einmal fragten sie:

«Ist es eine Krone?»

«Eine Krone ist es nicht», erwiderte der Alte lächelnd.

«Ist es vielleicht das Feuer?», forschten sie ein andermal.

«Jetzt seid ihr nahe daran», sagte er und nickte ihnen ermutigend zu.

Aber es vergingen noch viele Tage und Nächte, in denen die Brüder vergebens forschten und sich mühten. Manchmal waren sie ganz mutlos und wollten fast verzweifeln. Eines Morgens endlich traten sie dem Alten voll Freude entgegen.

«Ihr braucht mir nichts zu sagen, ich sehe, dass ihr das Rechte wisst», sagte der fröhlich. «Nun schafft ein Bild her. Kommt mit mir, ich will euch geben, was ihr dazu braucht, und will euch bei der Arbeit helfen.» Die drei verschwanden in der Höhle, wo bald ein Feuer aufloderte und Schmiedehämmer klangen, und als sie nach einer Weile wieder ins Freie traten, trug der Einsiedler in seinen Händen eine golden glänzende Sonnenscheibe.

«Weit königlicher, edler und mächtiger als alle Stiergewalt ist die Sonne», sprach er. «Vor ihrem Bild wird der Zornige sich neigen.»

Dann reichte er das goldene Rund den Zwillingen, gab ihnen seinen Segen und entließ sie zu dem schweren Gang.

Es war aber, als hätte die Erde noch nie so gebebt wie in dieser Stunde. Von allen Berghängen lösten sich Steine und rollten und sprangen prasselnd nieder. Wohin die beiden ihre Füße stellten, da drangen Flammen und Rauch aus Felsspalten und -klüften. Schließlich aber hatten sie die letzte Höhe erklommen und schauten nieder in das weite Tal. Da sahen sie den Stier. Weiß war er, sein Fell glänzte, die Hufe stampften den Boden und aus seinen Nüstern stob Feuer.

Die Brüder wären gerne umgekehrt, doch sie dachten an das Werk, das sie zu vollbringen hatten, und schritten dem Stier entgegen. Kaum hatte der die beiden Menschen erblickt, als er auf sie zuraste. Unbeirrt aber hielten die Königssöhne die Sonnenscheibe zwischen sich und stiegen Felsen um Felsen, Stufe um Stufe nieder.

Endlich standen sie auf dem Talgrund und das Tier war nur noch wenige Schritte von ihnen entfernt. Schon glaubten sie, es sei geschehen um ihr Leben, da blieb der Stier mit einmal zitternd stehen. Er hob den mächtigen Kopf, bis der Glanz der Sonnenscheibe ihn voll traf, dann knickte er die Vorderfüße ein, neigte sich, wurde immer ruhiger, immer friedlicher, und zuletzt lag er ganz still da.

Nun wagten die Jünglinge sich näher heran. Sie stellten das Sonnenbild zwischen die hoch aufragenden Hörner des Tieres und streichelten sein Fell.

«Die Erde zittert nicht mehr», sagte der erste Bruder.

«Weder Flammen noch Rauch sind mehr zu sehen», sagte der zweite.

«Es ist getan», sprachen beide.

Als sie sich anschickten, zum Einsiedler zurückzugehen, folgte der Stier ihnen, Schritt für Schritt. Der Alte kam den dreien entgegen und wusste vor Freude kein Wort zu sagen. Bei der Höhle ruhten alle zusammen aus und erwarteten den Abend.

Kaum war die Dunkelheit hereingebrochen, da erhob sich der Stier. Noch immer trug er die goldene Scheibe auf dem Kopf. Er stellte sich gerade vor die königlichen Brüder hin, als wolle er sie ermuntern, auf seinen Rücken zu steigen. Schließlich taten sie es. Da begann der Stier mit ihnen zu traben, immer schneller und schneller, immer höher und höher, bis er zuletzt auf dem höchsten Berge stand, dunkel gegen die glänzenden Sterne. Er warf den Kopf zurück, da fiel die Sonnenscheibe herab und rollte in die Klüfte der Erde hinunter. Der Stier aber rannte weiter, vom Bergesgipfel geradewegs in den Himmel hinauf, durch alle Sterne hindurch, er wurde immer silbriger, immer sternenhafter, und als der staunende Einsiedler ihn schließlich haltmachen sah, erblickte er ihn in derselben Sternengestalt, wie er heute noch zu sehen ist.

Hoch stand er, höher selbst als Orion. Und ihm gegenüber waren die königlichen Zwillinge zu erkennen. Noch immer gingen sie Seite an Seite, man sah deutlich, dass sie unzertrennlich bleiben wollten für alle Zeiten. Der Einsiedler stieg eilends zur Königsstadt hinunter. Man rüstete dort gerade ein Fest, um den wiedergewonnenen Erdenfrieden zu feiern. Der Alte erzählte dem König, wie alles sich zugetragen hatte.

«Und meine Söhne?», fragte der, «soll ich sie nie wiedersehen?»

«Als Sterne», erwiderte der Einsiedler und wies zum Himmel empor.

Von der goldenen Sonnenscheibe, die der Stier in die Tiefen der Erde hinuntergeworfen hatte, sprachen die Menschen noch lange. Der Vater der Zwillingsbrüder ließ eifrig nach ihr suchen, doch wurde sie nie gefunden, es war, als hätte die Erde sie verschluckt.

Für den, der das Geheimnis kennt, trägt der Sternenstier die leuchtende Scheibe jedoch immer noch auf dem Kopf und neigt ihn auch immer noch vor ihr. Zwischen den Füßen der Zwillinge und den Hörnerspitzen des Stieres ist am Nachthimmel ein sternenloser Raum. Genau an diesem Platz aber steht die Sommersonne am Sonnwendtag, mittags beim höchsten Stand des Jahres. Wer daher in der Weihnachtszeit um Mitternacht Orion, Stier und Zwillinge am Himmel erblickt, der darf wissen, dass von dem Ort, den diese drei umschließen, genau zwischen der Spitze des unteren Stierhornes und dem oberen Zwillingsfuß ein halbes Jahr später die Johanni-Sonne herableuchten wird.

Stier und Zwillinge funkeln am Weihnachtshimmel noch höher als ▷
Orion.

Zwillinge und Stier mit Siebengestirn

Ähnlich wie der Stier, so stand auch der Widder von ägyptischen Über-
lieferungen her göttlichen Wesenheiten noch nahe. So braucht es kaum
zu verwundern, dass man ihn ebenfalls am Sternenhimmel zu sehen
glaubte. Sein Bild galt den Griechen als Erinnerung an das Tier, dessen
goldenschimmerndes Vlies in Kolchis aufbewahrt wurde, von woher Ja-
son und die Argonauten es holten. Ursprünglich war der wunderbare
Widder ein Geschenk des Gottes Hermes gewesen; als man ihn in Kolchis
dem Zeus zum Opfer bestimmte, soll der Widder zur Opferung selbst
aus dem Fell geschlüpft sein und auf diese Weise sein Einverständnis mit
der Opferhandlung bekundet haben.

Die Geschichte vom Widder
und dem Rosenstrauch

Der Einsiedler vom Berge, der den Zwillingsbrüdern den Weg gewiesen hatte, auf dem sie ihr Reich befreien und ihr Volk erlösen konnten, war bald nach dem wunderbaren Geschehen gestorben. Man fand den Alten in der Höhle liegend, friedlich, als ob er schliefe, und die Menschen begruben ihn nicht weit von seiner Behausung in einem Felsengrab.

Die verlassene Höhle wurde ein Lieblingsplatz der Hirten, die bald alle Jahr ihre Herden dort oben weiden ließen. Sie erzählten, es gäbe nirgendwo sonst so würziges Gras und so kräftige Kräuter für ihre Schafe. Die beste Weide aber sei zu finden in dem weiten Felsental, das sie «Tal des Stieres» nannten.

Dort wuchs, an der Stelle, wo der Stier vor dem Bild der Sonne niedergekniet war, bald ein Rosenstrauch auf, der trieb Zweig um Zweig, Ranke um Ranke, wurde immer höher, immer breiter und fülliger, aber nie sah man Knospe noch Blüte an ihm. Dagegen fand hin und wieder ein Hirt, wenn er allein umherging auf der Suche nach einem verirrten Schaf, bei dem Rosenstrauch einen Widder mit dichtem Fell und goldenem Gehörn. Es wagte sich niemand näher an das seltsame Tier heran. Ab und zu hing in den Dornen eine Locke aus seinem seidigen Vlies, und wer eine solche fand, freute sich und hütete sie, als wäre sie ein seltenes Kleinod.

Lange Zeit später aber, in der Nacht, als im Stall zwischen Ochs und Esel das Kind geboren wurde und die Engel in den Höhen Gloria sangen, hörten das himmlische Tönen auch die Hirten, die im Tal des Stieres bei ihren Herden wachten. Eilends brachen sie auf, denn der Weg nach Bethlehem hinunter war für sie weiter als für ihre Brüder aus dem Tal. Hell leuchtete ihnen im Süden Orion, darüber zur Rechten das Bild des Stieres, zur Linken das der königlichen Zwillingsbrüder.

Und wie die Hirten an dem Dornbusch vorbeikamen, der inzwischen uralt und holzig geworden war, erkannten sie im Sternenlicht, dass er sich über und über mit blühenden Rosen bedeckt hatte. Sie pflückten davon, so viel ihre Hände nur fassen konnten, und für jede abgebrochene Rose blühte gleich eine neue auf. In dieser Pracht hat der Busch gestanden, bis Maria und Josef mit dem Kinde vor König Herodes fliehen mussten. Da sind die Rosen, so wie sie in einer einzigen Nacht aufgeblüht waren, auch in einer einzigen Nacht alle wieder verwelkt.

Der Widder mit den goldenen Hörnern aber, der zuweilen den Rosenstrauch im Tal des Stieres besucht hatte, ist heute noch am Himmel zu finden. Er geht dem Stier voran und neigt sich schon gegen Sonnenuntergang, wenn der Mächtige mit dem rot funkelnden Auge noch hoch im Süden steht.

Vom Krebs im Osten bis zum Widder im Westen strahlen die Winter- ▷
sterne, bis sie sich im März langsam nach Westen, dem Untergang zu,
neigen.

Im Bilde des Krebses glaubten die Griechen das Schalentier zu erkennen, das Zeus' Gattin Hera gegen Herakles ausschickte, als dieser mit der Hydra kämpfte. Hera wollte einen Sieg des Helden verhindern. Sie ließ deshalb den Krebs mit beiden Zangen nach des Herakles Ferse greifen und ihm so unerwartet einen heftigen Schmerz zufügen. Herakles aber trat nach dem Krebs und zermalmte ihn.

Den Ägyptern hatte das gleiche Sternbild als Käfer, als Skarabäus, gegolten.

Die Geschichte vom Krebs
und dem Krippenstroh

Wie an den Stier nach Westen hin sich der Widder anschließt, so folgt von Sonnenaufgang her auf die Zwillinge der Krebs. Sehr zart nur ist er an den Himmel gezeichnet aus kleinen, matt funkelnden Sternen. Natürlich kriecht er rückwärts, wie alle Krebse heute zu tun pflegen. Doch ist das nicht immer so gewesen. Wie es zustande kam, erzählt die Geschichte.

Nachdem das Christkind geboren war und die Hirten, die es gleich in der ersten Nacht anbeten durften, im Lande ringsum von ihm erzählt hatten, kamen von weither, vom Ufer des Mittagsmeeres, auch Fischer gewandert, die das Wunder mit eigenen Augen sehen wollten. Sie hatten die Taschen voll von bunt schimmernden Muscheln, Seesternen, Seepferdchen, farbigen Kieseln und allerlei Spielzeug, wie das Meer es Kindern schenkt. Ein junger Fischer aber – der jüngste von allen, die sich aufgemacht hatten – trug in seinem Korbe, den er sorgsam verschlossen hielt, einen lebendigen, ausgewachsenen Krebs. Den wollte er der Mutter des Kindes und dem Pflegevater schenken.

Nach langer Wanderung erblickten die Fischer endlich das Strohdach, über dem der Stern stand, der die Weisen aus dem Morgenlande geführt hatte. Sie traten ein, beteten das Kind an und breiteten dann ihre bunten Gaben im Stroh um das Neugeborene herum aus. Das griff voll Freude danach.

Da nun alle Menschen im Stall das Kind anschauten, achtete niemand auf den Krebs. Von allen Geschöpfen ringsum schien er das einzige zu sein, das von der großen Freude nicht berührt wurde. Freilich, er steckt ja auch in einem Panzer, durch den so leicht nichts durchkommt! Langsam, unbemerkt kroch er rückwärts, Stück um Stück, von Kind und Krippe fort. Auf einem Strohbüschel, das er mit sich geschoben hatte, fiel er zu Boden, krabbelte dort weiter, und nun dauerte es nicht mehr lange, da hatte er das Freie erreicht. Die goldenen Strohhalme aber, die sich zwischen seine Zangen, Schalen und Ringe eingeklemmt hatten, verrieten ihn. Einer der Engel, die den Stall umschwebten, nahm den hellen Schein im Dämmerlicht wahr und erkannte den Rückwärtskriechenden.

«So eilig hat noch nie jemand vom Kind in der Krippe weggewollt», sagte er. «Was sollen wir anfangen mit dir? Wir werden dich mitnehmen zum Himmel hinauf und dort oben zwischen den Sternen niedersetzen. Alle Menschen sollen dich sehen. Und damit sie erkennen können, vor wem du davonlaufen wolltest, lassen wir das Krippenstroh an dir hängen. Auf der Erde und im Wasser aber sollen alle Krebse statt vorwärts fortan rückwärts laufen, so wie du es tatest im Stall von Bethlehem.»

Und so geschah es. Ein prunkvolles Sternbild ist er nicht geworden, der Krebs. Man muss seine Augen schon anstrengen, um ihn zu entdecken. An seinem Leib, gerade dort, wo die Zangen ansetzen, sieht man bei sehr klarem Himmel einen schwachen Schimmer, den nennen die Sternforscher bis auf den heutigen Tag «praesepe», das heißt «Krippe». Die Reste vom Krippenstroh sind es, die der Krebs, ohne es zu wollen, mitnahm, als er sich heimlich aus dem Stall von Bethlehem davonstahl.

Was fangen, was fangen
die silbernen Zangen
des Krebses bei Nacht?
Sie greifen und finden
in tiefblauen Gründen
kein Sternlein, gebt acht!

Noch knieten sie alle
beim Kindlein im Stalle,
da stahl er sich fort.
Es hielt ihn kein Singen,
kein Leuchten und Klingen
am heiligen Ort.

Die Engel, sie kamen,
die Engel, sie nahmen
ihn mit sich empor.
Am Himmel, da sehen
wir rückwärts ihn gehen,
das Stroh guckt noch vor.

Der Fuhrmann mit der Ziege

Viel klarer als der Krebs und ganz mühelos zu sehen, steht hoch am Himmel der Fuhrmann mit der Ziege Capella, dem besonders hellen Stern. Auch die beiden Zicklein fehlen nicht. Im Sommer zogen sie niedrig unter dem Himmelsrande vorbei, nur die Ziege schaute darüber her und ließ ahnen, wo der Fuhrmann steckte. Wie er zur Winterszeit nun plötzlich unter die höchsten Sterne kommt, ist nicht allzu schwer zu erraten. Sitzt er doch fest am oberen Horn des Stieres! Der Fuhrmann, der ja ohne Pferde ist, der nur seine Ziege hat, wusste wohl, dass er sich aus eigener Kraft nicht würde aufschwingen können zum Firmament. So wartete er am Horizont, bis der Stier vorüberkam und sich anschickte, in den Himmelsbogen emporzusteigen. Ein Horn des Stieres ergriff der Fuhrmann und ließ sich so mit hochtragen.

Freilich ist das eigentlich nicht der rechte Weg, unter die höchsten Sterne zu kommen! So wurde der Fuhrmann auch nicht zu einem vollständigen, schön gezeichneten Bild. Wie man beim Betrachten den Kopf auch drehn und wenden mag, weder Leib noch Haupt, noch Arme oder Beine des Fuhrmannes sind zu erkennen. Aber dass er sich ans Stierhorn anklammert, das sieht man klar und deutlich. Sonst ist das Schönste an ihm die munter funkelnde Capella mit ihren beiden Zicklein.

Vom Polarstern ist aber auch sie noch weit entfernt, ja, sie ist ihm trotz ihres hohen Standes nicht ein Stückchen näher gekommen, als sie es im Sommer war. Daher wird wohl auch wenig Hoffnung bestehen, dass Fuhrmann und Ziege eines schönen Tages dem Drachen den Kleinen Wagen ausspannen und damit angefahren kommen.

So hält der Fuhrmann sich am Stierhorn fest. ▷

Fuhrmann mit Ziege und Zicklein   Stier

Im Folgenden erscheinen zwei Sterngruppierungen gegenüber den überlieferten Vorstellungen und Bezeichnungen beträchtlich verändert. Es
handelt sich um das Bild des Perseus und das des Kepheus; in unserer
Geschichte wurden sie zum Gaukler und zu dessen Häuschen.

Dem glanzvollen und bewegten Sternbild des Perseus gaben die
Griechen als besonderes Attribut im Sterne Algol das Medusenhaupt
hinzu. War das schreckliche, schlangenumwundene Haupt doch stolzes
Siegeszeichen von des Heroen Kampf mit der Gorgo. Der König Kepheus
gehörte als Vater der unglücklichen Andromeda ebenfalls in den Sagen-
kreis um Perseus.

Der Gaukler mit dem Teufelsstern

Ein Sternbild gibt es, das prunkt wie kaum ein zweites mit dicht beiein-anderstehenden Sternen. Hoch am Himmel hält es sich zur Winterszeit, zwischen dem Fuhrmann und der Königin Cassiopeia. An der Menge sei-ner Sterne ist das Sternbild leicht zu erkennen. Im alten Griechenland gab man ihm den Namen des Helden Perseus, von dessen Taten die Menschen Wunderdinge zu berichten wussten. Doch gehört zu dem blitzenden Ge-bilde noch eine andere Geschichte, und die soll hier erzählt werden.

Vor Zeiten lebte in einem fremden Lande ein Gaukler, von dem sagten die einen, er sei ein Spaßmacher, der ein wenig zaubern könne, die an-deren hielten ihn für einen Zauberer, der gerne recht viel Spaß machte. Wo in Dorf oder Stadt ein Fest gefeiert werden sollte, luden die Leute den Gaukler dazu ein, und sobald sie sahen, dass er auf der Landstraße angetanzt kam, riefen sie ihm schon von Weitem zu:

«Grüß dich, Gauklersmann,
bring viel Späße an!
Drischst du Ähren oder leeres Stroh?»

Und er antwortete:

«Fragt mein linkes Bein,
das verrät euch fein,
ob ich traurig sein muss oder froh.»

Wenn er das gesagt hatte, pflegte der Spaßmacher auf dem rechten Bein im Kreise herumzuhüpfen, während er das linke den lachenden Zuschau-ern hinstreckte.

Nun war der ganze Kerl von der Mütze bis zu den Schuhspitzen bunt gekleidet wie ein Tulpenbeet im Frühling. Um sein linkes Bein aber hatte er noch einen besonderen Fetzen gewickelt. War der von leuchtend gelber

Farbe, so war der Gaukler gut gelaunt, und die Späße purzelten nur so aus ihm hervor. Trug er jedoch statt des gelben Fetzens einen schwarzen, so schnitt er eine kummervolle Grimasse nach der anderen, redete kein einziges Wort, so viel man ihn auch bitten mochte und begann schließlich zu plärren wie ein hungriges Wickelkind. Dann eilten die Leute lachend in ihre Häuser, holten Brot, Fisch und Braten, Früchte und Wein hervor und hielten alles dem Spaßmacher hin. Beim Anblick der nahrhaften Dinge machte der einen Luftsprung, drehte wohl auch noch ein paar Purzelbäume, griff nach allen Seiten und begann zu schmausen. War das letzte Krümchen verzehrt, so zog er aus der Hosentasche den knallgelben Fetzen hervor, band ihn statt des schwarzen um sein linkes Knie und sprudelte und sprühte vor guter Laune.

Wenn er damit Alt und Jung um sich herum angesteckt hatte, sodass man in weitem Umkreis nur noch lachende Gesichter sah, führte er sein berühmtestes Spaßmacher-Kunststück vor.

Zuerst gebot er Stille. Dann drehte er sich wie ein Kreisel auf seinem rechten Bein, damit man ihn von allen Seiten noch einmal recht anschauen konnte, und fragte endlich die Anwesenden:

«Hier dreh ich mich,
hier seht ihr mich,
wie nennt ihr mich?»

Als Erstes rief dann einer:

«Unser Spaßmacher!»

«Recht gesprochen!», antwortete der Buntgekleidete, schnalzte mit den Fingern, griff hoch über seinem Kopfe in die leere Luft, und im selben Augenblick kam – niemand wusste woher – über den Boden eine flinke Eidechse gehuscht. In ihrem Maul trug sie eine kleine silberne Schelle, damit glitt sie am Gaukler empor, heftete das tönende Ding an seinen Rock und war im selben Augenblick wieder spurlos verschwunden. Der Kerl zeigte sich stolz nach allen Seiten und prahlte dabei:

> «Einmal gefragt,
>   einmal gesagt.
>   Schon trag ich das erste Ehrenzeichen!»

Gleich darauf begann das Spiel von Neuem:

> «Hier dreh ich mich,
>   hier seht ihr mich,
>   wie nennt ihr mich?»

Diesmal antwortete ein anderer:

> «Unser Gutgelaunter!»

Wieder folgte nach dem «Recht gesprochen!» das Fingerklappen, das Schnappen in die Luft, die Eidechse erschien, befestigte wiederum ein blitzendes Schellchen am buntlappigen Rock, verschwand geschwind, und diesmal hieß es dann:

> «Zweimal gefragt,
>   zweimal gesagt.
>   Schon trag ich das zweite Ehrenzeichen.»

So ging es in Frage und Antwort fort, und die Leute ließen sich immer Neues einfallen. «Unser Narr!», «Unser Hüpfebein!», «Unser Dreh-dich-um!», «Unser Schlingeviel!», «Unser Purzelbaumschläger!», «Unser Buntgelappter!», «Unser Eidechsschnapper!», «Unser Schellenkönig!»

Und je mehr sie riefen, desto mehr Glöckchen und Schellen trug das huschende Tier heran, bis der Spaßmacher zuletzt von oben bis unten behangen war und bei jeder Bewegung in vielen Tönen klingelte, rasselte und rappelte.

Endlich, wenn niemand mehr einen Ehrennamen wusste, den er dem Gaukler hätte zurufen können, verbeugte der sich und verkündete:

«Genug der Ehr',
   ich dank euch sehr
   und lad' euch ein,
   mein Gast zu sein.
   Wer sich mit mir
   in mein Häuschen zwängt,
   wird vom Kopf bis zur Zehe
   mit Gold behängt.»

Das löste noch einmal fröhliches Gelächter bei den Zuschauern aus, denn im ganzen Lande war niemand, der nicht gewusst hätte, dass in das putzige Häuschen des Spaßmachers außer ihm selber höchstens noch eine Maus hineinpasste. Er konnte darin weder sitzen noch liegen. Aufrecht stehend schaute er mit der Nase oben zur Giebelluke hinaus, und wenn er die Arme ausbreitete, hingen sie rechts und links aus den Fenstern. Deshalb schlief er den Sommer lang unter freiem Himmel im Gras und auf Moos, im Winter aber beim Bauern in Heu und Stroh. Bei diesem Spaßmacher war sogar das Häuschen ein Spaß.

So lebte der Lustige Jahre über Jahre und schien gar nicht zu altern. Er wusste selber nicht, wie lange er schon durchs Land zog. Fragte man ihn, so antwortete er:

«Wie soll ich es wissen, da doch der Tod selber mich vergessen zu haben scheint. Vielleicht mag er mich aber auch nicht holen, weil ich ihm zu fröhlich bin.»

Und so muss es wohl gewesen sein. Denn eines Tages, als man den Gaukler zu einer Hochzeitsfeier bitten wollte, war er im ganzen Lande nirgendwo zu finden. Überall entsann man sich genau, ihn vor Kurzem noch gesehen zu haben, und jeder wollte wissen, dass er besonders heiter und übermütig gewesen sei und so kecke Zauberkunststückchen gezeigt habe wie nie vorher. Schließlich fragte jemand:

«Habt ihr schon in seinem Häuschen nachgeschaut? Vielleicht ist er ausnahmsweise einmal daheim!»

Eilig machten sich einige auf den Weg. Doch wie staunten sie, als auch das kleine, spitzgiebelige Haus an seinem gewohnten Platz nicht mehr zu sehen war! Weit und breit fand sich weder von ihm noch von seinem Bewohner die geringste Spur.

Spät am Abend aber, als die Schar der Leute, müde vom Suchen, sich anschickte heimzugehen, rief ein kleiner Junge plötzlich:

«Da ist er ja!», und wies mit dem Finger zum Himmel. Alle erkannten ihn sofort.

«Und er hat sich mit Sternen behängt, wie er es hier bei uns mit Schellen zu tun pflegte», sagte ein alter Mann.

«Sein Häuschen, seht ihr sein Häuschen?», fragte aufgeregt jetzt ein Dritter und fuhr gleich fort: «Sogar die Eidechse hat einen Platz am Himmel bekommen, sie sitzt gar nicht weit vom Häuschen entfernt.» «Den Gaukler und sein Haus erkenne ich wohl», nickte ein grauhaariges Weiblein, «die Eidechse aber können meine alten Augen nicht mehr finden, die ist wohl zu fein und zu klein.»

Lange Zeit hindurch schauten Nacht für Nacht im ganzen Land ringsum die Menschen zu ihrem Spaßmacher empor, der sich ohne Abschied und in aller Heimlichkeit samt Häuschen und Eidechse davongemacht hatte.

«Er hat sein Leben hindurch die Herzen erfreut», sagten sie dann zuweilen, «er hat es verdient, dass man für alle Zeiten an ihn denkt.»

Das Spaßmachen aber konnte der Übermütige selbst im Sternenreich bis auf den heutigen Tag nicht lassen. An seinem linken Knie – von der Erde aus gesehen ist es das rechte – trägt er einen Stern, der sozusagen von einem Tag zum andern sein Licht verändert. Bald funkelt er strahlend hell, dann wieder flimmert er nur matt und müde. Ist es nicht, als wollte der Gaukler aller Welt auch heute noch durch gelb- oder schwarzbelapptes linkes Bein seine Fröhlichkeit oder seine Traurigkeit anzeigen? Die Sternforscher nennen den Stern, der so auffällig in seiner Helligkeit schwankt, den Algol, das heißt: Teufelsstern.

Wie der Gaukler, so lange er auf Erden lebte, fast immer unterwegs und kaum je einmal in seinem Hause war, so ist er auch am Sternenhimmel ein ziemliches Stück davon entfernt. Jenseits der Cassiopeia baut das Häuschen sich aus fünf Sternen auf, den spitzen Giebel reckt es zum Pol-Stern hin. Ein Stern deutet die Tür an, und vier unregelmäßig hingestreute

Sterne bilden eine Treppenstufe. Die kleine Eidechse eilt gerade darauf zu, doch ist sie scheu und wird nur von scharfen Augen bei besonders klarer Luft gesehen. Oder lässt der Gaukler sie ab und zu spurlos verschwinden, wie er das bei seinen Zaubereien so gerne getan hat?

Gaukler mit dem Teufelsstern,
prahlest gar so hell,
tanzest auf dem rechten Bein,
kommst nicht von der Stell.

Hast der Funkelsterne viel,
zähl ich sie doch kaum.
Einen davon schenke mir
heute Nacht im Traum.

Gehst du in dein Sternenhaus,
mach dich nur recht klein!
Oder wirf es mir herab,
ich pass' grad hinein.

Ordentlich auf seinen Füßen stehend, sieht man den Gaukler kaum ein- ▷
mal, am ehesten noch April/Mai im Nordwesten. Doch hält er sich dann
dicht über dem Horizont.

Der Gaukler mit dem Teufelsstern

Mit dem Häuschen geht es wie mit dem Gaukler: Zeigt es mit seinen drei ▷
Giebelsternen und dem Schornstein nach oben (wie sich's gehört!), steht
es tief. Die Eidechse ist dann kaum zu sehen. Das ist März/April. Gut
sieht man das Häuschen von November bis Januar im Nordwesten, doch
steht es dann auf dem Kopf. Allein wie herum es auch stehen mag, mit
Giebel und Schornstein zeigt es immer zum Polarstern.

Das Gauklerhäuschen und die Eidechse

Diesen Kopfstand macht der Gaukler hoch über unseren Köpfen abends ▷
im Januar/Februar. November und Dezember über steht er so im Nord-
osten.

Der Gaukler, der auf dem Kopf steht, und
sein Häuschen; dazwischen die Cassiopeia

Polarstern

DER WECHSEL VON TAG UND NACHT, VON FRÜHLING, SOMMER, HERBST UND WINTER

Die Geschichte von der Sonne,
den vier Engeln
und dem goldenen Himmelsband

Als Gott die Sonne, den Mond und die anderen Himmelslichter geschaffen hatte, irrten sie noch ohne Ordnung und Plan in den himmlischen Weiten umher, keines von ihnen wusste seine Bahn und seinen Weg. Da sprach Gott zu den Engeln:

«Hebt zu singen an, dass alle Welt bis in die Höhen und Tiefen von euren Stimmen erklinge!»

Die Engel taten, wie der Herr gesagt hatte, und von dem Gesang der geflügelten Heerscharen hallten die himmlischen Räume wider. Kein Wesen konnte sein Ohr dem wundersamen Tönen verschließen.

Die Sterne alle begannen zu lauschen und fügten sich über dem Lauschen ganz unversehens zu schönen Bildern und Figuren zusammen. Das gefiel Gott sehr, und als die Engel ihr Singen beendet hatten, befahl er den Sternen, in eben der Ordnung beieinander zu bleiben, in die die himmlische Musik sie gefügt hatte. Und so, wie sie damals zusammen standen, sehen wir die allermeisten von ihnen auch heute noch.

Doch Tag und Nacht waren noch nicht geschieden, und die Erde kannte weder Morgen noch Abend, weder Wachen noch Schlaf.

Da rief Gott vier Engel zu sich und sprach zu ihnen:

«Stellt euch in den Weiten des Himmels auf, so, dass ihr die Erde zwischen euch lasst und einander, je zwei und zwei, anschauen könnt.»

Eilig schickten die Engel sich an, Gottes Willen zu erfüllen, und nachdem sie an den vier Enden der Welt ihre Plätze eingenommen hatten, breiteten sie weit die Arme aus, und jeder von ihnen lächelte dem Bruderengel zu, der ihm gerade gegenüberstand.

Da wurde das Lächeln zu einem silbernen Strahlen, das von einem zum anderen hinüberflog, und wie es sich vom ersten zum dritten und vom zweiten zum vierten Engel spannte, lag plötzlich über der Erde ein himmelgroßes, silbernes Kreuz. Nun sprach Gott zu dem ersten Engel:

«Alle junge frische Kraft, alles Erwachen aus dem Dunkel des Schlafes sei in deine Hände gelegt. Sende du sie der Erde und ihren Wesen. Hüte den Morgen und alles, was in ihm beschlossen ist. Der Himmelsort, an dem du stehst, soll der Osten genannt werden.»

Darauf wandte der Herr sich dem Engel zu, der dem ersten gerade gegenüber seinen Platz hatte und sagte:

«Was Frieden ist nach harter Müh und Ruhe nach fleißigem Schaffen, was Einschlafen bringt nach ermüdendem Wachen und Dämmerung nach blendender Helle, das schenke du der Welt. Dein Reich sei der Abend, die Gegend am Himmel in weitem Umkreis um den Platz, an dem du stehst, werde der Westen genannt.»

Und der Herr schritt zum dritten Engel hinüber. Mit seinen schimmernden Flügeln stand der, ebenso wie die beiden ersten Engel, am Himmelsrande, gerade dort, wo Himmel und Erde zusammenstoßen. Da sprach Gott zu ihm:

«Fliege von dem Platz, an dem du stehst, ein Stück in den Himmel hinauf. Du sollst aus der Höhe auf die Erde herabblicken.»

Und mit leichtem Rauschen und Wehen seiner Schwingen hob der Engel sich empor zu dem Ort, den der Herr ihm bezeichnete. Nun sprach Gott weiter:

«Fülle des Lichtes und Fülle der Wärme sei deinen Händen anvertraut. Zwischen Morgen und Abend sollst du sie der Erde geben. Sei Hüter des hohen, goldenen Mittags. Die Himmelsgegend, die du beherrschst, sei der Süden genannt.»

Zu dem letzten der vier Engel neigte Gott sich nun hinüber und sagte zu ihm:

«Ebenso viel, wie dein Bruder im Süden über den Himmelsrand emporstieg, sollst du unter ihn hinabsteigen.»

Der Engel gehorchte geschwind. Darauf sprach der Herr weiter:

«Mache du Dunkelheit und Kühle der Erde zum Geschenk. Sende ihr und allem, was auf ihr lebt, die Wohltat erquickenden Schlafes und guter Träume. Was von Licht und langem Wachen ermüdet und matt ist, werde durch dich von Neuem gestärkt und erfrischt. Dein Reich sei die Nacht, deine Gegend am Himmel der Norden.»

Nachdem Gott so jedem der vier Engel seinen Platz und seine Aufgabe gewiesen hatte, neigten sie sich vor ihm und dankten ihm froh. Er aber wandte sich der Sonne zu und sagte:

«Zwischen diesen Engeln sollst du künftig wandern. Steige auf vom Himmelsrande bei dem Engel des Ostens, hebe dich zum Mittag empor und begegne dem Engel des Südens, wende dich dann abwärts, dem Abend zu, bis du beim Engel des Westens den Himmelsrand wieder erreichst. Senke dich weiter hinunter zum Mitternachtsengel im Norden, erquicke dich in seinem Reich wie die anderen Wesen alle, und steige, neu gestärkt, im Osten wieder empor.»

Da dankte die Sonne dem Herrn, dass er ihr Bahn und Ziel gegeben hatte, und mit Strahlen trat sie ihren Weg an. – So wurden der Erde Morgen und Abend, Mittag und Nacht geschenkt.

Noch aber fehlte der Wechsel der Jahreszeiten, denn immer vom gleichen Ort am Himmelsrande hob die Sonne sich morgens empor, stieg bis zur gleichen Stelle jeden Mittag in den Südhimmel hinauf und kehrte jeden Abend auf den gleichen Fleck am westlichen Himmelsrande zurück. Da ging der Herr hin, legte seine ausgestreckte Hand in ihrer ganzen Länge auf den Himmelsrand im Osten, strich dann in schön geschwungenem Bogen über das Himmelsgewölbe bis zum Mittagsengel und führte die Hand in eben derselben Weise bis zum westlichen Himmelsrande nieder, wo er sie zu Füßen des Abendengels ein Weilchen ruhen ließ.

Dort nun, wo die Hand Gottes über den Himmel gefahren war, blieb ein sanftes, goldenes Leuchten zurück, das wie ein breiter, schimmernder Gürtel an dem blauen Gewölbe hing. Und Gott sprach zur Sonne:

«So sollst du fortan wandern: Dieser Weg –», und damit fuhr Gottes Finger am unteren Rande des breiten Bogens entlang, «sei dein kürzester und niedrigster. Wenn du ihn gehst, sind die Nächte lang. Spät erst steigst du auf, und von dem Ort, an dem der Morgenengel steht, ein weites Stück nach Süden zu gerückt. Tief, zu Füßen des Mittagsengels, ziehst du vorüber und senkst dich bald schon wieder hinab, noch ehe du den Ort erreichest, an dem der Abendengel steht. Solange du auf dieser Bahn wanderst, ist die Kraft deiner Strahlen gering, Dunkelheit herrscht auf Erden vor und mit der Dunkelheit die Kälte. Kurz sind die Tage, lang die Nächte. So wird Winterszeit. Doch von diesem niedrigsten, engsten Bogen sollst du dich Tag für Tag ein Stückchen heben, sollst immer ein wenig weiter nach Osten gerückt aufgehen, ein wenig höher im Süden emporsteigen und ein wenig weiter nach Westen gerückt untergehen. Steigst du zu Füßen des Morgenengels auf und zu Füßen des Abendengels nieder, gehst du durch die Mitte des goldenen Himmelsbandes deine Bahn. Dann wird Frühling auf Erden. Und hast du dich bis zu des Gürtels oberstem Rande emporgehoben, gehst du am Himmelsrande weit nach Norden gerückt auf, weit nach Norden gerückt unter, so sind die Tage länger als die Nächte. Dann ist die Zeit des Lichtes und der Wärme, die Kraft deiner Strahlen ist groß, Sommer steht über allem Land.

Doch von dort musst du dich wieder zurückwenden. Hast du abwärtssteigend deinen Tagesbogen bis zur Mitte des goldenen Himmelsbandes wiederum hinabgerückt, so bringst du der Erde die Herbsteszeit und wanderst aufs Neue deiner niedrigsten und engsten Bahn, dem Mittwinterwege zu. So vollendest du das Jahr und stehst abermals am Beginn.»

Als der Herr so gesprochen hatte, freuten sich Sonne und Erde und alle Wesen und dankten Gott für Winter, Frühling, Sommer und Herbst. Er aber sagte zu den Engeln:

«Zu den Zeiten des Tages will ich nun auch noch die Zeiten des Jahres eurer Hut anvertrauen. Engel des Morgens, dir soll der Frühling zugehören, Engel im Mittag, den Sommer übergebe ich deinen Händen. Abendengel im Westen, deine Zeit sei der Herbst, und du, Mitternachtsengel im Norden, wirst mir den Winter hüten.»

Und alles geschah, wie der Herr es gesagt hatte, ist auch so geblieben bis auf den heutigen Tag und wird so fortdauern bis ans Ende der Zeiten, auf dass wir die Wohltat von Morgen, Mittag, Abend und Nacht, von Frühling, Sommer, Herbst und Winter alle Tage und alle Jahre erfahren und uns daran freuen können.

In Nord und Süd und Ost und West
hat Gott vier Engel aufgestellt.
In Nord und Süd und Ost und West
behüten sie die Erdenwelt.

Und Winter, Frühling, Sommer, Herbst,
die ruhn in ihrer Hand.
Den Winter, Frühling, Sommer, Herbst,
den bringen sie ins Land.

Die Geschichte vom eigenwilligen Mond

Nachdem Gott der Sonne ihren Weg durch Tag und Jahr über den Himmel hin gewiesen hatte, fragten ihn die Sterne:

«Herr, sollen wir in der Nacht an einem Fleck stille stehen, oder dürfen auch wir in der Ordnung, die du uns gabst, vor den Augen der Menschen vorüberziehen?»

Und der Schöpfer antwortete ihnen:

«Beschreibt gleich der Sonne Bögen am Himmelsgewölbe im Bereiche des Mittagsengels, der im Süden steht. Im Norden aber, hoch über dem Engel der Mitternacht, stehe ein einziger Stern fest. Um ihn mögen die anderen sich in kleineren oder größeren Kreisen drehen.» –

Friedlich wandern seitdem die Sterne allnächtlich dahin, so langsam vorrückend, dass man schon aufmerksam und geduldig schauen muss, wenn man ihre Bewegung wahrnehmen will.

Der Mond, als der nächtliche Gesell der Sterne, hätte sich in ihren Reigen wohl einfügen können, doch kam ihm anderes in den Sinn. Wie er so über der schlummernden Erde hing und sein Silberlicht auf Meere und Flüsse, auf Berge und Täler, auf Wiesen und Felder fallen ließ, schaute er hierhin und dorthin, beobachtete Igel und Eule auf nächtlicher Jagd, blinzelte in die warmen Nester, darin die Vögel schliefen, und ließ die weiße Schwanzspitze des schleichenden Fuchses hell aufleuchten. Über so viel neugierigem Umherblicken konnte er aber mit den Sternen nicht Schritt halten, blieb zurück und verspätete sich. Und ob er sich nachher gleich sputete, konnte er die vertane Zeit doch nicht wieder einholen, ging von Abend zu Abend später auf, von Morgen zu Morgen später unter.

«Willst du gar in den Tag hinein bleiben und noch über den Himmel wandern, wenn die Sonne ihn schon lichtblau aufgehellt hat?», fragten ihn die Sterne.

«Warum nicht?», gab der Mond zurück. «Ich fühle mich stark genug, neben ihr meinen Glanz zu behaupten.»

Und er hing noch über dem westlichen Himmelsrande, als die Sonne bereits rot leuchtend im Osten aufging. Ja, jetzt gelüstete es ihn erst recht danach, noch zu verweilen, damit er die Erde doch auch einmal bei Tage anschauen könnte. So beschäftigt war er mit dem vielen Neuen, das er allerorts erblickte, dass er gar nicht merkte, wie er an dem der Sonne abgewandten Ende dahinzuschwinden begann. Und je höher er von Morgen zu Morgen, von Tag zu Tag bei Sonnenaufgang noch am Himmel hing, desto kleiner wurde er von Gestalt, desto schwächer zugleich an Glanz und Schein. Als er selber zu fühlen begann, was geschah, war es bereits zu spät. Schmaler und schmaler wurde die Sichel, die sich erst kurz vor der Morgendämmerung im Osten erhob, und schließlich war sie ganz hingeschwunden. Ob der Himmel sich gleich von Sonnenuntergang bis Sonnenaufgang wolkenlos spannte, vom Monde war nirgendwo auch nur ein Zipfelchen zu entdecken.

Der Herr hatte alles mit angesehen und ruhig geschehen lassen.

«Das hätte der Silberne wohl wissen können, dass der Taghimmel nimmermehr das rechte Feld für ihn ist», dachte er bei sich. Zuletzt aber dauerte ihn der eigensinnige Gesell. Er wandte sein Antlitz in die Abenddämmerung nach Westen und sprach:

«Wachse neu!»

Da blinkte, unendlich fein und zart, eine Silbersichel am Himmel auf, war ein kurzes Weilchen zu sehen und neigte sich dann dem Untergang zu. Am nächsten Abend war sie schon ein wenig breiter, stand, als sie aufleuchtete, höher über dem westlichen Himmelsrande und hielt sich auch schon etwas länger als am Abend zuvor, ehe sie verschwand. So ging es nun von Abend zu Abend fort. Die wachsende Sichel zeigte sich immer höher hinaufgerückt über dem westlichen Horizont, nahm an Fülle rasch zu, und als vierzehn Tage vergangen waren, prangte wieder der runde Mond die ganze Nacht über am Himmel und beschrieb den vollen Bogen von Osten nach Westen.

Gelernt aber hatte der Silberne aus seinem schlimmen Erlebnis rein nichts. Kaum hatte er die Herrschaft über das nachtblaue Feld zurückgewonnen, trieb er es genau wie das erste Mal. Bereits am nächsten Abend erschien er gegenüber dem Vortage um mehr als eine ganze

Stunde verspätet und hielt es auch weiterhin so. War es ein Wunder, dass ihm dabei auch ganz das Gleiche widerfuhr? Nach vierzehn Tagen war kein Mond mehr zu sehen und die Sterne beherrschten allein das hohe, nächtlich-dunkle Rund.

Lächelnd sprach da Gott in seiner großen Güte:

«Wenn es so dein Wille ist, du großer Silberspiegel, so möge sich's von nun an und für alle Zeiten so zutragen, wie es dir zweimal schon geschehen ist. Hältst du nicht Schritt mit den wandernden Sternen, musst du in Morgen und Tag hinein vergehen. Doch jung und neu mögest du immer wieder von Abend her in die Nacht hinauf wachsen.»

Und so geschah es und geschieht seitdem immer gleich und immer neu. Jeder, der es sehen will, kann das Schauspiel mit eigenen Augen anschauen, wenn nicht Wolken es verhängen. Vierzehn Tage dauert das allmähliche Hinschwinden des Mondes in Morgen- und Tageslicht hinein, und vierzehn Tage währt auch sein langsames Wachsen in den Nachthimmel. Bis auf den heutigen Tag aber hat sich unter den vieltausend Lichtern des Himmels kein anderes so wandelbar und eigenwillig gezeigt wie der Mond, und das ist ein wahres Glück, denn sonst könnte sich wohl schon bald am Himmel kein Mensch mehr auskennen!

Das goldene Band aber, das Sonne und Mond mit ihren Bahnen im Lauf des Jahres durchmessen, das ist am Himmel allmählich verblasst. Sehen kann man es heute nicht mehr, nur noch ahnen. Und will man es in seiner ganzen Breite abschätzen, braucht man nur zu Johanni oder zu Weihnachten Sonnen- und Vollmondweg zu verfolgen. Denn zu diesen Zeiten läuft einer von den beiden am oberen, der andere am unteren Saume des einstmals so schön schimmernden Gürtels entlang.

Fiel der Mond ins Sonnenlicht,
ist dahingeschwunden,
wird die liebe lange Nacht
nimmermehr gefunden.

Sichel zart und Abendstern
und ein Wolkenschimmel:
Wächst der Mond von Abend her
wieder in den Himmel.

Bis zuletzt er rund und voll
Silberlicht ausstreuet.
Alter Mond und junger Mond
immer sich erneuet.

FRÜHLING

Drei der Sternbilder, die in der nächsten Geschichte vorkommen, gehörten auch für die antike Anschauungsweise zusammen: Wasserschlange, Rabe und Becher. Der Rabe, Apollons Vogel, war von dem Gott ausgeschickt worden, um in einem Becher Wasser zum Götterfest zu holen. Der Rabe führte den Auftrag nicht pünktlich aus und gab vor dem erzürnten Apollo einer Wasserschlange die Schuld.

Eine andere Zuordnung bezieht die Wasserschlange auf die Hydra, das vielköpfige Ungeheuer, das Herakles nach hartem Kampf besiegte.

Im Sternbild des Löwen sahen die Griechen die erste der zwölf Taten des Herakles verherrlicht, sein Niederringen des Nemeischen Löwen, gegen den eiserne Waffen nichts ausrichten konnten, weil sein Fell undurchdringlich war.

Die Geschichte von der Wasserschlange, dem Raben und dem Löwen

Gott hatte die Welt ohne Makel erschaffen, gut war alles, was durch ihn geworden war. Doch als einer der hochgestellten Engel sich gegen Gott empörte, entstand das Böse, und Gott duldete es. Er wollte, dass die Menschen wählen könnten zwischen dem Lichten und dem Finsteren. Deshalb hat es immer wieder Zeiten gegeben, in denen das Böse übermächtig zu werden drohte. Und einmal hat sich dabei das Folgende zugetragen.

Fern im Norden, wo unter dem Himmelsrande allnächtlich die Sonne vorüberzieht, um den Engel der Mitternacht zu grüßen und von ihm zu neuem Tageslauf erquickt zu werden, dort waren auf Erden zwei Riesen herangewachsen. Sie waren Brüder, und es gab auf der ganzen Welt kein Wesen, das hässlicher und ungestalter gewesen wäre als die beiden, ausgenommen nur ihre Mutter. Die kannte allerhand Zaubereien und übte sie aus, wo sie nur konnte. Von dem, was die drei taten, erstarrte die Erde im weiten Umkreis, kein Baum und kein Strauch, ja nicht einmal ein Grashälmchen konnte mehr wachsen und grünen.

Voller Sorge schaute der Engel des Nordens von seinem Platz am Himmel auf das Treiben der Riesen, und als es ihm schien, als machten sie es gar zu arg, rief er zu Gott hinauf:

«Herr, soll ich ihnen entgegentreten und ihrem Tun wehren?» Doch Gott antwortete:

«Die Erde gab ich den Menschen zur Wohnstätte. Kein Böses wird auf ihr entstehen, das Menschen nicht wenden und wandeln können, wenn sie es nur wollen. Erst wenn du siehst, dass ein Mensch zum Kampf gegen die Unholde sich rüstet, dass sein ganzes Sinnen und Trachten dahin geht, sollst du heilende Kräfte senden.»

Und der Engel fügte sich dem Willen des Herrn. – Die Menschen aber hatten noch nicht erkannt, welche Gefahr ihnen von Norden her drohte, und so konnten die Riesen ganz ungehindert ihr böses Spiel treiben.

Es verdross sie aber nichts so sehr wie die Sonne mit ihrem Licht und ihrer Wärme. Jedes Mal, wenn sie in den Nachtstunden tief unter dem Himmelsrande vorüberzog, stieg die Riesenmutter im Dämmerlicht mit ihren beiden Söhnen auf einen Berg, und sobald sie die Sonne erblickten, schrien und brüllten sie ihr schlimme Kränkungen entgegen und schüttelten drohend die Fäuste. Zuweilen reckten sie ihre Fäuste in den Himmel, als wollten sie von ihm die Sonne herunterreißen. Doch wie mächtig die drei von Gestalt auch waren, so weit konnten sie trotz aller Anstrengung und aller Zauberkünste nicht reichen.

Schließlich aber fasste die Riesenmutter einen argen Plan. Sie befahl ihren Söhnen, mächtige Bögen zu bauen und Pfeile dazu zu schnitzen. Sie selber suchte Felsbrocken zusammen und schichtete sie zu einem Berge auf. Und sobald an diesem Abend die Sonne in den nächtlichen Himmelsbereich eingetaucht war, begannen die Riesen, Pfeil auf Pfeil nach ihr abzuschießen, und die Riesenmutter schleuderte zu gleicher Zeit wuchtige Felsblöcke mit solcher Kraft und zauberkundigen Geschicklichkeit, dass keiner von ihnen sein Ziel verfehlte. Da begann ein schlimmes Leiden für das schöne Himmelslicht.

Betrübt sahen die Engel von den vier Weltenden dem Treiben zu. Als nach Stunden die Sonne den Bereich von Nord und Nacht endlich verließ und sich über den östlichen Himmelsrand erhob, um der Erde den Morgen zu bringen, da war sie so geschwächt, dass ihr Schein nur matt herabfiel und kaum den Tau von Gräsern und Blumen wegtrocknen konnte.

Indessen rüsteten die drei Riesen schon wieder zu neuem Angriff und sie trieben es diesmal noch ärger als die Nacht zuvor. So ging am Morgen darauf die Sonne noch bleicher auf als am Vortage und zog, obwohl die Mittwinternacht schon einige Wochen vorüber war, den kleinsten und niedrigsten aller Wege, die Gott ihr gewiesen hatte. Und da die drei Unholde unaufhörlich Schlimmeres und Ärgeres ersannen, um die Sonne zu kränken, so wanderte sie von Tag zu Tag matter und müder ihre Bahn und fand nicht mehr die Kraft, höher zu steigen, wie es doch längst an der Zeit gewesen wäre.

Da kamen Erde und Menschen in arge Not. Selbst zur Mittagsstunde, wenn kein Wölkchen am Himmel stand, wurde der Tag nicht heller, als er sonst bei nebligem Novemberwetter gewesen war. Sehnsüchtig schauten die Menschen nach dem Frühling aus, doch kein noch so kleines Zeichen kündigte ihn an. Stattdessen herrschte der Winter immer strenger. Hohe Eisberge wuchsen im Norden empor und wanderten südwärts. Längst war dort nirgendwo mehr ein Fußbreit Erdreich zu sehen. Der Boden, zu Stein gefroren, lag unter Schnee, und selbst die mächtigsten Bäume schauten kaum mehr mit den Wipfeln daraus hervor.

Weit im Süden der Erde lag ein Königreich, auf das die Sonne immer besonders heiß herabgeschienen hatte, solange sie noch ihre gewöhnliche Kraft besaß. Zur Sommerszeit hatte sie Bäche und Flüsse ausgetrocknet, und um die Mittagsstunde waren Menschen und Tiere vor ihrer Glut in den Schatten geflüchtet. Weite Teile des Landes waren in der Hitze zur Wüste ausgedörrt. Je mehr nun aber die Nordriesen durch ihr böses Treiben Finsternis und Kälte über die Erde schickten, desto näher rückten diese auch jenem Lande, dessen Bewohner früher nie einen Eishauch gespürt, nie eine Schneeflocke gesehen hatten.

Es herrschte dort ein junger König, dessen Vater schon lange gestorben war. Der Königssohn war noch ein Jüngling, als man ihm die Krone aufs Haupt setzte. Als die Zeit der grimmen Kälte über die Erde kam, hatte er das Mannesalter kaum erreicht. Früher als die übrigen Menschen hatte er bemerkt, dass die Sonne ihren täglichen Weg änderte, voller Schrecken hatte er das Abnehmen ihrer Kräfte von Woche zu Woche beobachtet. Seine Sternforscher wussten ihm nicht zu sagen, woher das käme, so mühte der junge König sich, die Ursache selber zu finden.

Einmal, als er in Gedanken versunken dasaß, war es ihm, als vernähme er eine Stimme, und zuletzt hörte er deutlich die Worte:

> Purpurnes Segel auf grauem Meer –
> Rettung nahet von Untergang her.
> Stärk deinen Mut,
> was schlimm war, wird gut.
> Königstat trifft wie goldener Speer.

Der König schaute sich um, erblickte aber weit und breit kein lebendes Wesen außer einem Raben, der durch die Lüfte davonflog.

«Ich will zum Meeresstrande gehen und sehen, ob ich dort mehr erfahre», dachte der König.

Golden hatte das sandige Ufer im Sonnenlicht sonst immer dagelegen, nun strichen Nebel darüber hin. Der Wind heulte und trieb die See zu hohen Wellen auf. Der König richtete seinen Blick in die Ferne, bis ihm der Sturm die Tränen in die Augen trieb. Endlich erblickte er ein rotes Segel, das schnell näher kam. Bald konnte er ein Boot erkennen und darin einen Jüngling, der so sicher dastand, als spürte er gar nicht, wie sein Schiff von Wind und Wellen hin und her geworfen wurde. Der König schritt dem Boot entgegen, bis das Wasser seine Füße netzte. Wie von unsichtbarer Hand gesteuert, glitt der Kahn neben ihm auf den Sand, und im selben Augenblick legte sich der Wind.

Der Jüngling stieg aus, blickte den König freundlich an und sprach:

«Willst du den Frostesbann brechen, der über der Erde liegt, willst du die Not der Sonne enden, so kann ich dir raten und helfen dazu. Doch das Werk ist schwer, du wirst all deinen Mut zusammennehmen müssen.»

«Sage mir, was ich tun muss», antwortete der König.

Da erzählte der Jüngling ihm:

«Im Norden toben drei Riesen, eine Riesenmutter mit ihren Söhnen. Die hassen die Sonne und haben ihr Nacht für Nacht so viel Böses angetan, dass sie davon immer schwächer geworden ist. Die drei werden von ihrem Tun nicht lassen, es sei denn, ein Mensch machte sich auf, um ihrem Treiben zu wehren. Doch wer das wagt, muss wohl auf der Hut sein, denn sie werden auf Zauberränke sinnen. Willst du zu dem Abenteuer ausziehen, werde ich dir zur Seite stehen. Wenn du aber im Kampf nur einen Augenblick zögerst oder furchtsam zurückweichst, kostet es dein Leben.»

«Mein Leben will ich wohl wagen, wenn ich dadurch die Macht der Riesen brechen kann», sagte der König.

«So komm», antwortete der Jüngling, führte den König zu dem Boot, das auf dem Sande lag, und stieg mit ihm ein. Da glitt es wieder auf das Wasser hinaus, und schneller als der Wind trug das kleine Schiff die beiden über das Meer.

Das wurde immer dunkler und drohender, je weiter sie kamen, immer häufiger begegneten ihnen Eisberge, immer schärfer fasste der Wind.

Schließlich blieb das Boot zwischen lauter Eisschollen stecken. Die beiden stiegen aus. Kaum aber hatten sie sich von der Uferhöhe aus ein wenig umgeschaut, da wurde das Meer aufgewühlt, als kochte und brodelte tief unten am Grunde ein gewaltiger Kessel.

«Nun, König, rüste dich zum Kampfe», rief der Jüngling, «die Riesenmutter hat uns kommen sehen und naht sich in Gestalt einer Wasserschlange. Du musst das Untier von rückwärts im Nacken fassen, sonst bist du verloren. Ich werde dir eine andere Gestalt geben, in der du die Schlange leichter bezwingen kannst.» Damit holte der Jüngling unter seinem Gewand einen goldenen Becher hervor, brach von dem Eis, das rings um sie her war, ein kleines Stück los und legte es in den Becher. Das schmolz augenblicklich, trotz der großen Kälte.

«Trinke», forderte der Jüngling den König auf und hielt ihm den Becher hin.

Kaum hatte der König ihn an die Lippen gesetzt und den ersten Tropfen des Wassers auf der Zunge gespürt, da wurde er in einen Löwen verwandelt.

Und schon tauchte aus den eisigen Fluten der Rücken der Wasserschlange auf, mit Schuppen und dornigen Zacken bewehrt. Der Jüngling warnte den Löwen:

«Gib acht, dass du nicht erschrickst, wenn du den Kopf des Untieres siehst. Du darfst nicht einen Herzschlag lang zaudern, sondern musst den Sprung wagen.»

Gespannt stand der Löwe da und schaute unverwandt aufs Wasser hinaus. Das schäumte und brodelte immer wilder, und schließlich tauchte der Kopf der Schlange auf, der war so schrecklich anzusehen, dass kein Mensch ihn beschreiben könnte. Der Löwe aber flog wie ein Pfeil, der von der gespannten Sehne schnellt, durch die Luft und landete dem Untier geradewegs im Nacken. Das bäumte sich mit aller Kraft auf, doch wie wild es sich auch gebärdete, es half ihm nichts. Gar nicht lange mehr, da hatte der Löwe der Meeresschlange den Garaus gemacht.

«Das Erste ist dir gelungen!», begrüßte der Jüngling ihn. Er gab dem König seine menschliche Gestalt zurück und sprach dann:

«Die Aufgabe, vor der du jetzt stehst, ist schwerer noch als das Werk, das du vollbrachtest. Du bist waffenlos und ohne Wehr, und so musst du den Riesen entgegentreten. Bei ihnen würden Waffen und Wehr dir nicht nützen. Bezwingen kann sie allein der Mut, mit dem du ihnen begegnest. Auch deine Entschlossenheit, Sonne und Erde aus ihrer Not zu erlösen, ist eine starke Kraft. Von dem Platz, an dem du stehst, darfst du nicht wanken noch weichen, nicht um einen einzigen Schritt. Aufrecht und furchtlos musst du alles ertragen, was die Riesen tun. Schwände dir der Mut nur einen Herzschlag lang, dann wäre alles umsonst.

Kannst du aber standhalten, so wird der Augenblick kommen, in dem du erkennst: Die Macht der Unholde ist gebrochen. Dann sprenge aus dem goldenen Becher einige Tropfen gegen die beiden aus. Doch gib acht, dass du es nicht zu früh tust, sonst bliebe es nutzlos. Und nun sei wachsam! Du trugst die Gestalt des Löwen, wappne dich jetzt mit seinem Mut.»

Damit reichte der Jüngling dem König den Becher und ließ ihn allein.

Nicht lange, so begann der Boden zu beben, dass sich breite Risse im Eise auftaten; die beiden Riesen trotteten heran. Die Köpfe hingen ihnen weit nach vorn, als seien sie zu schwer, um aufrecht getragen zu werden. Wie sie den Menschen entdeckten, stürzten sie auf ihn zu, und man hätte meinen sollen, keine Macht der Welt vermöchte ihn zu retten vor dieser Gewalt. Doch seltsam: Jedes Mal, wenn die Riesen sich dem König bis auf wenige Schritte genaht hatten, war es, als stießen sie gegen eine unsichtbare Wand, die es ihnen verwehrte, ihn mit ihren Fäusten zu berühren. Auch wandten die Unholde immer wieder die Köpfe zur Seite, als blende sie der Anblick des kleinen Menschen, der regungslos vor ihnen stand und sie anblickte.

Wie die beiden merkten, dass sie nichts ausrichten konnten, steigerte sich ihr Zorn, immer heftiger suchten sie anzugreifen, bald von rechts, bald von links, und schließlich nahten sie sich ihm von rückwärts. Das hätte um ein Haar den König dazu gebracht, sich umzudrehen, doch im letzten Augenblick besann er sich und dachte an die Warnung des Jünglings: «Nicht einen Schritt!» So harrte er aus und wandte auch nicht den Kopf, als das Getöse in seinem Rücken immer lauter und drohender sich näherte. Er dachte an die Erde, deren Leben unter dem Bann des Frostes gefangen lag, und plötzlich wurde das Mitleid in ihm so groß, dass er laut rief: «Im Namen der Sonne, im Namen all dessen, was durch sie wächst und gedeiht: ergebt euch!»

Beim Klang dieser Worte stolperten die Riesen, als hätten Speere sie getroffen, sie suchten sich aneinander zu halten und brachten doch nur einer den anderen zu Fall. Das schien dem König der rechte Augenblick, um Tropfen aus dem goldenen Becher gegen die ungefügen Leiber zu sprengen. Und plötzlich lagen statt der Riesen zwei Eisbären da, die richteten sich eilends auf und trotteten, so schnell sie nur konnten, zwischen den Eisblöcken davon. Der König schaute ihnen nach.

Der Jüngling näherte sich ihm und sagte: «Du hast durch deine Tat die Not von Sonne und Erde gewendet. Komm, wir wollen auf den Berg dort steigen. Die Sonne wird gleich unter dem Himmelsrande vorbeiziehen. Heute wollen wir an Stelle der Unholde sie begrüßen.»

Er nahm den König bei der Hand, und kaum hatte er mit ihm den Gipfel erklommen, da sahen sie schon die Sonne am Himmel auftauchen. Sie folgten ihr mit den Augen, bis sie ihren Weg durch den nächtlichen Bereich vollendet hatte und zum Osthimmel hinüberglitt.

«Nun wird sie bald wieder zu hohem Mittagsstand emporsteigen, Schnee und Eis schmelzen und allenthalben die Erde zu neuem Leben wecken», sagte der Jüngling. «Brechen wir auf, es ist Zeit, dass du in dein Land zurückkehrst.»

So schnell, wie es sie hergetragen hatte, brachte das Schiff mit dem roten Segel die beiden wieder südwärts. Als sein Kiel auf den Strand lief, war heller Morgen.

«Wie schwer war mir das Herz, als du mich hier fandest, und wie leicht ist es mir jetzt», sagte der König zu seinem Begleiter. «Vor allem Volk will ich dich Bruder nennen und Krone und Herrschaft dir übergeben.»

Der fremde Jüngling schüttelte den Kopf und antwortete:

«Ich muss dich verlassen, doch werde ich dir einen Gruß senden. Am Südhimmel wirst du ihn finden bei Nacht. Leb wohl!»

Damit war der Jüngling verschwunden, und auch das Boot mit dem roten Segel lag nicht mehr am Strand. In Gedanken versunken ging der König zu seinem Schloss zurück, wo die Diener ihn schon vermisst hatten und erleichtert aufatmeten, als sie ihn gesund und unversehrt kommen sahen. Er sprach kein Wort über das, was ihm in der Nacht widerfahren war.

Doch als die Dunkelheit hereinbrach, stieg er auf den höchsten Turm seines Palastes und schaute empor. Da erkannte er unter den bekannten und vertrauten Sternbildern ein neues. Hoch stand es über dem südlichen Himmelsrande und war deutlich zu erkennen als springender Löwe. Zu Füßen des Löwen dehnte sich weit über den ganzen Himmelsbogen das Meeresungeheuer, die Wasserschlange. Der hellste Stern aus dem Löwenbilde schien geradewegs auf den Nacken der Schlange zu zielen, der Schlangenkopf stand ein wenig unterhalb des Krebses.

Über der lang gezogenen Schlangenlinie aber, im Raum zwischen ihr, dem Löwen und der Jungfrau, die im Südosten emporzusteigen begann, da leuchteten zwei Sternenvierecke, und der König ahnte, dass sein Helfer mit diesen beiden den wunderbaren Becher andeuten wollte und den Raben, dessen Rufen ihn zum Strand hinuntergelockt hatte, wo er dem Jüngling zuerst begegnet war.

Seit jener Nacht aber, in der der junge König zum ersten Male hoch über seinem Haupte diese Sternbilder blinken sah, kann jeder sie dort erkennen, der um die Osterzeit zum Sternenhimmel aufschaut. Beim Raben sieht man deutlich einen Kopf- und einen Schwanzstern. Die Schlange ist zwar riesig, doch besteht ihr Bild aus so schwach leuchtenden Sternen, dass es meistens kaum zu entdecken ist. Das Bild des Löwen beherrscht den nächtlichen Frühlingshimmel. Es erinnert zusammen mit der Wasserschlange an die Zeit, da die Kraft der Sonne durch das Wüten der Riesen dahinschwand und die Erde unter dem Eis zu ersticken drohte. Es erinnert aber auch an die tapfere Tat des jungen Königs, und die Sternforscher nennen bis auf den heutigen Tag den hellsten Stern, der im Bilde des Löwen leuchtet, den Königsstern.

Dass die Sonne nach jener unglückseligen Zeit rasch wieder an Kraft gewann und von Neuem ihren Segen auf die Erde herabscheinen konnte, wie sie es seit eh und je getan hatte, das braucht wohl nicht lang und breit erzählt zu werden. Wie sollten sonst nach kalter, dunkler Winterszeit Frühling und Sommer jedes Jahr wiederkommen können?

Hoch im Süden sieht man den Löwen abends am besten im April. Hinter ▷
ihm zieht im Osten dann schon die Jungfrau herauf.

Der Löwe

Im März gegen Mitternacht, Ende April aber schon gegen 21 Uhr, zeigt ▷
sich so der Frühlingshimmel über dem Süden.

Löwe   Rabe   Becher   Wasserschlange

Eine Ostergeschichte von Sonne und Mond

So unbeständig der Mond sich in allem sonst gezeigt hatte, in einem strebte er mit rechtem Starrsinn doch immer das Gleiche an. Das zarte, goldene Band, das Gott mit dem Hinstreichen seiner Hand über das Himmelsgewölbe gelegt hatte, erschien ihm gar zu schön, und er wollte wie die Sonne nur auf diesem Bande seine Bahnen wandern.

«Schon recht», sprach der Herr, «es scheint auch mir gut, dass du bei Nacht auf den gleichen Wegen wanderst wie die Sonne bei Tage. Doch weißt du wohl, dass die Goldenstrahlende im Jahreslauf auf- und abwärtssteigend der Erde den Frühling, den Sommer, den Herbst und den Winter bringt. Wie willst du es damit halten?»

«Auch ich will die ganze Breite des Bandes durchmessen», sprach der Mond, «und damit alle Welt sehen kann, was ich für ein Himmelslicht bin, werde ich mich sputen und in einem Monat vollenden, wozu die Sonne ein ganzes Jahr braucht.» Der Herr lächelte und schwieg.

Und der Mond begann seine Wanderung. Die Menschen auf Erden, die den Tagesbogen der Sonne von Weihnachten bis Johanni in schönem Gleichmaß wachsend steigen und von Johanni auf Weihnachten zu in eben derselben Weise schrumpfen und sinken sahen, konnten sich nicht genug verwundern, wenn sie die Mondenwege verfolgten. Zwar von dem zart schimmernden Himmelsbande wich er nie ab, doch war es von Abend zu Abend kaum möglich zu wissen, an welcher Stelle des östlichen Horizontes er auftauchen, welchen Bogen er beschreiben und wo er schließlich untergehen würde. Nicht nur, dass er hinter den stets ihre Bahn ziehenden Sternen bald zwanzig Minuten, bald mehr als eine Stunde verspätet herzottelte und so aus dem ruhigen Gang der großen Himmelsuhr eigenwillig heraussprang! Nicht nur eigene Zeiten wollte er haben, sondern anders als alle übrigen Himmelslichter auch seinen Wanderplan einrichten.

Es war aber gerade Frühsommerzeit, als das Ganze sich zutrug. Die

Sonne stieg und strebte ihrem höchsten Stande zu. Leuchtend stand sie zur Mittagsstunde am Himmel. Menschen, Tiere und Pflanzen freuten sich ihres Lichtes und ihrer Glut, ja sogar die leblosen Steine nahmen so viel in sich hinein, wie sie nur fassen konnten, und waren im Abenddunkel davon noch manche Stunde lang wohlig warm. Schließlich kam die Johannizeit heran, und die Sonne prangte in solchem Glanze, dass er selbst in den Nächten nicht ganz zu verlöschen schien.

Der Mond unterdessen durchlief, wie er es schon angekündigt hatte, eilig die Breite des goldenen Bandes. Doch wie ärgerte er sich, als er am höchsten, am oberen Rande gerade zu der Zeit angekommen war, da er als hauchdünne Sichel hinschwinden und als hauchdünne Sichel wieder neu erstehen musste! In dem Maße, wie er zunahm, schrumpften seine nächtlichen Bögen immer mehr zusammen, und als er seine volle, runde Gestalt endlich gewonnen hatte, war er zugleich am untersten Rande des Himmelsbandes angelangt. Das verdross ihn gar sehr, und er nahm sich vor, es zu ändern, so gut ihm das eben gelingen wollte.

Und wirklich: In seiner nächsten Vollmondgestalt zog er schon wieder eine etwas größere Bahn als zur Johannizeit, vier Wochen danach als Vollmond eine noch höhere, und so ging es von Monat zu Monat fort. Als endlich die Weihnachtszeit heranrückte, stand der volle Mond die ganze lange Winternacht am Himmel, so hoch, wie zur Johannizeit die Sonne gestanden hatte, und sein Licht füllte und beherrschte die verschneite Welt. Bewundernd schauten die Menschen zu ihm auf.

«So gefällt es mir!», sprach der Mond. «Die Sonne wandert jetzt bei Tag ihren kleinsten, niedrigsten Weg, und ich in meiner vollen Gestalt den weitesten, höchsten.» Vor Stolz leuchtete er doppelt hell.

Wen aber so allezeit nach Neuem gelüstet wie den silbernen Herrscher des Nachthimmels, der wird Erworbenes schwerlich halten und bewahren können. Der Dezember ging hin, der Januar kam. Noch konnte sich der Rundglänzende in ziemlicher Höhe halten.

«Wie kalt sein Licht ist», sagten die Menschen und zogen sich fröstelnd in ihre warmen Stuben zurück. «Will er denn von seinem hohen Stande gar nicht wieder herabsteigen?»

Als aber der Februar ins Land zog, geschah es, dass der Mond seinen weitesten Weg bereits hinter sich hatte, bevor er noch zu seiner ganzen Größe hatte anwachsen können. Im März erging es ihm noch schlechter. Was aber für ihn das Schlimmste war: Während er als Vollmond mit immer kleineren Bögen sich bescheiden musste, weitete die Sonne ihre Bahnen von Tag zu Tag aus, stieg von Mittag zu Mittag stetig höher.

«Wenn das so weitergeht, wird sie mich bald überholt haben», murrte der Mond. Und wirklich, kurz nach Frühlingsanfang kam eine Vollmondnacht, in der der silberne Gesell auf kleinerer Bahn dahinziehen musste, als die Sonne es um eben dieselbe Zeit bei Tage tat.

Die Menschen, die es bemerkten, freuten sich und sprachen:

«Die Sonne hat den Mond besiegt, ihr warmer Schein strahlt bei Tage höher vom Himmel herab als das bleiche Licht des Vollmondes bei Nacht. Nun wissen wir, dass der Winter aus unserem Lande endlich weichen muss. Darum wollen wir fröhlich sein und der wieder erstarkten Sonne zu Ehren ein Fest feiern.»

Und am Sonntag, der auf die Nacht folgte, in welcher der Vollmond niedriger am Himmel gestanden hatte als die Sonne bei Tage, feierten die Menschen das Osterfest, und das ist bis auf den heutigen Tag so geblieben. Wenn die Kinder in Garten oder Stube die Osternester mit den bunten Eiern darin finden, dürfen wir gewiss sein, dass die Sonne die Herrschaft am Himmel wieder angetreten hat und dass der Vollmond sich bis zum Herbst still wird bescheiden müssen, ob es ihm gefällt oder nicht. Sein Reich ist die Nacht, seine Zeit der Winter. Den Tag und den Sommer aber muss er der Sonne lassen!

EIN STERN, DEN JEDER KENNT

Des Himmels hellster Stern

Golden ist das Sonnenlicht und silbern der Mondenschein, das kann jeder leicht sehen. Wer aber aufmerksam hinschaut, wird bald finden, dass auch die Sterne längst nicht alle gleich erglänzen, dass sie in ihrem Licht recht unterschiedlich sind. Manche scheinen ruhig und friedlich, andere funkeln und glitzern, als wären sie ständig in Bewegung. Ein solcher Funkelstern ist der Sirius im Bild des Großen Hundes, der dem Himmelsjäger Orion zur Seite steht. Mit seinem Strahlen durchblitzt er die Dämmerung schon, wenn alle anderen Sterne eben erst matt aufglänzen.

Dem Lichte einiger Sterne scheinen gar Farben beigemischt zu sein. Rot funkelt das Auge des Stieres zur Winterszeit, und mancher andere Stern glüht rötlich wie die untergehende Sonne oder tiefrot wie Rubin. Daneben gibt es gelbliches oder bläuliches Leuchten im Schein der Sterne.

Ein Stern aber ist am Himmel, der grüßt heller und freundlicher als alle seine Brüder. Bald glänzt er golden, bald blinkt er silbrig, immer aber funkelt er so hell, dass alle Augen sich zu ihm hinwenden, wenn er erscheint. Wie es dazu kam, erzählt die folgende Geschichte.

Gott gab den Sternen am Himmel nicht nur ihren bestimmten Platz und ihre feste Bahn, jedem von ihnen wies er auch eine Aufgabe zu im vieltausendstimmigen Chor und Reigen. Für menschlichen Verstand ist freilich schwer zu ergründen, was seine Weisheit leicht und lichtvoll überschaut. Zuletzt sprach der Herr zu den Sternen:

«Nun beginnt eure Wege! Den ganzen Himmel gebe ich euch zum Felde. Nacht und Tag sollt ihr an ihm hinwandern, doch wird bei Tage die Sonne euer Glänzen überstrahlen und auslöschen, dass weder Tier- noch Menschenauge euch sehen kann. Um so schöner tretet ihr in der Nacht hervor. In ewigem Gleichmaß und Wechsel sollt ihr einander ablösen in eurem Wandel bei Tag und bei Nacht; Aufgang und Untergang sollen gerecht verteilt sein für alle Zeiten.»

So sprach der Herr, und die Sterne dankten ihm für das, was er einem jeden von ihnen geschenkt hatte.

Aus dem unermesslichen Chor aber stieg eine Stimme besonders hell herauf und klang so froh, dass Gott verwundert seine Augen hinwendete zu dem Ort, von dem das Singen tönte. Und er fragte den Stern:

«Was ist es, worüber du dich mehr zu freuen scheinst als alle deine Brüder?»

Der Stern antwortete:

«O Herr, groß und wunderbar ist, was du erschaffen hast, und in Ewigkeit wollen wir dir danken. Unter allem das Schönste aber ist doch die Sonne mit ihrem Lichte, das Segen und Leben spendet. Nichts ist lieblicher anzuschauen, als wenn sie durch ihre Strahlen aus dem erwärmten Boden Gras, Kräuter und Blumen hervorruft und unsere Schwester, die Erde, so prächtig schmückt, oder wenn sie der Erde und ihren Geschöpfen in heißem Sommer Korn und Früchte reifen lässt. Darum freue ich mich, dass du uns Sternen erlaubt hast, zuweilen nahe der Sonne am Himmel zu stehen. Wenn uns dann auch niemand sieht, so können wir doch anschauen, was der Erde Gutes geschieht durch die Sonne.»

Lächelnd fragte da der Herr:

«So wenig macht es dir, wenn dein Schein vor stärkerem Leuchten verschwindet?» Nach kurzem Sinnen fuhr er dann fort: «Wer die Sonne liebt, wie du sie liebst, soll teilhaben an ihrem Lichte, und dein schwesterliches Fühlen mit der Erde möge dich ihr eng gesellen. Eine ganz besondere Aufgabe übergebe ich dir. Frühmorgens, wenn der erste Schein des Tages heraufzudämmern beginnt, wirst du als Morgenstern im Osten erstrahlen. Vorbote der Sonne sollst du sein und mit deinem Glänzen der Erde verkünden, dass der goldene Schein nahe ist und der Tag nicht mehr fern. So dauere es einige Zeit an. Dann mögest du zum Abendhimmel hinüberwechseln, nicht länger als Vorbote der Sonne vor ihr aufgehen, sondern im letzten Schimmer ihrer Strahlen hinter der Untergegangenen herwandern. Abendstern sollst du in dieser Zeit sein und dem Taggestirn nachschauen, wenn es schon eine gute Weile unter dem westlichen Himmelsrande versunken ist. Für eine weitere

Zeit aber bleibe neben der Sonne den Tag über im hellen Blau, damit du recht nach Herzenslust betrachten kannst, was der Erde durch ihr Licht geschieht.

Gefällt es dir so? Du musst freilich dann darauf verzichten, eine ganze Nacht über am Himmel zu stehen, wie alle deine Sternenbrüder es tun.»

«Was macht mir das aus», entgegnete der Stern, «wenn ich stattdessen das Licht der Sonne vorausverkünden oder ihrem Glanze nachziehen darf, wenn ich neben ihr vom Taghimmel herab auf die Erde sehen kann, auf ihr buntes Leben und Treiben. Willst du mir das gewähren, Herr, so danke ich dir tausendmal.»

«Wohlan», sprach Gott, «sei du für die Menschen der Morgen- und Abendstern. Wenn sie Augen haben zu sehen, mögen sie erkennen, wie freudig und liebevoll du zu ihnen herabfunkelst. Hin und wieder aber sollst du für sie verschwunden sein, damit sie um so dankbarer deine Wiederkehr begrüßen. Und weil du nicht ängstlich besorgt warst, dein eigenes Leuchten gegenüber dem stärkeren Glanz der Sonne zu bewahren, sollst du in den Zeiten, da du als Morgen- oder Abendstern am Himmel stehst, heller leuchten und goldener strahlen als alle deine Sternenbrüder. Keiner von ihnen soll dich übertreffen mit seinem Schein.»

Da war die Freude des freundlichen Sternes groß, als er den Weg antrat, den Gott ihm gewiesen hatte.

Uns Menschen aber ward auf solche Weise der Morgenstern geschenkt, der zugleich der Abendstern ist und dessen schönes Licht die übrigen Sterne weit übertrifft. Der Himmel scheint uns noch einmal so freundlich zu sein, wenn er ihn schmückt, und war der Stern für eine Weile unsichtbar, so sehnen wir ihn herbei. In alten Zeiten gaben die Menschen ihm den Namen einer Göttin, «die Venus» nannten sie ihn. In noch älteren Zeiten verehrten die Menschen des Morgenlandes den Stern selber als eine Göttin, Inanna genannt, und Jäger und Hirten, Fischer und Bauern oder auch Wanderer, die zur Abendstunde oder in der Morgenfrühe unterwegs waren, betrachteten ihn wie einen Helfer und Freund und sangen Lieder zu seinem Lobe. Und wie wenig ein Mensch die Sterne auch kennen mag, an diesem Himmelslicht hat er sich gewiss schon einmal von Herzen erfreut.

NACHWORT

Das Verhältnis der Menschen zur Sternenwelt hat sich in einer seltsamen Weise ausgestaltet. Die Entwicklung verlief auf diesem Felde ähnlich, wie sie sich ganz allgemein in der Beziehung des Menschen zur Natur vollzogen hat. Je differenzierter und genauer die Wissenschaft mit Hilfe von Apparaten und scharfsinnig ausgefeilten Untersuchungsmethoden in feinste Einzelbeobachtungen hineingehen konnte, desto sicherer und gründlicher ging «das geistige Band» verloren, schließlich sogar das ursprüngliche und eigentliche Forschungsobjekt; das Phänomen.

Die Wissenschaft, so wie sie sich heute versteht, gewinnt dabei und kommt zu immer weitergehenden Entdeckungen und Möglichkeiten. Unverkennbar aber ist, dass solchen Errungenschaften schwerwiegende Verluste gegenüberstehen. Mit der Beschaffenheit der Gebiete, auf dem diese Letzteren entstehen, hängt es zusammen, dass sie nicht leicht zum Bewusstsein kommen. Wer die Kühnheit einer gelungenen Fahrt zum Mond bewundert, wer sie am Bildschirm «miterlebt», für den mag bedeutungslos erscheinen, dass er von den Mondphasen und -bahnen, wie sie im Lauf eines Monats, im Wechsel der Jahreszeiten am Himmel sich verändern, nichts mehr weiß. Ganz so einfach gestaltet sich die Sachlage schon nicht mehr für den, der überrascht wird von dem hohen Eisengehalt, den eine Sonde für den Himmelskörper Mars ermittelte; solange der von diesem Tatbestand Unterrichtete den rötlich leuchtenden Planeten am Himmel nie sah und ihn in seinen Bewegungen nie verfolgte, bleiben ihm wichtige Beziehungen zwischen dem Forschungsergebnis und den mit bloßem Auge zu verfolgenden Erscheinungen verborgen. Der wissenschaftliche Fakten Sammelnde bereichert sich, der Wahrnehmende verarmt.

Was ergibt sich daraus für den Menschen, insofern er nicht nur ein in blassen Vorstellungen verhafteter, nur intelligenter Erdenbewohner ist? Wie eng oder weit, wie arm oder reich die Welt einem lebendigen

Wesen erscheint, das hängt von der Mannigfaltigkeit und der Aufnahmebereitschaft seiner Sinne ab. Dem Menschen insbesondere bedeutet das Wahrnehmungsvermögen eine nie auszuschöpfende Möglichkeit, weil es in Verbindung mit Willens-, Gemüts- und Bewusstseinskräften unendlicher Ausweitung fähig ist. Doch liegt der Wertzuwachs auf diesem Gebiet nicht in zählbarer Häufung, sondern in Differenzierung bei gleichzeitiger Intensivierung. So ist z.B. nicht entscheidend, wie viele Fichten- und Lärchenbäume man in seinem Leben sah, doch dass es vielleicht einmal gelang, empfindend und mit Deutlichkeit wahrzunehmen, wie anders die Lärche jedem Wehen, jedem leisesten Lufthauch antwortet als die Fichte, das kann aufschlussreich sein. In der locker gebauten, lichtgrünen Lärchenkrone wippen und schwingen die biegsamen Zweige im lebhaftesten Mit- und Gegeneinander, während die Fichte im gesammelten, dunklen Geäst nur andeutend ein die ganze Baumgestalt gleichmäßig durchziehendes Bewegtwerden ahnen lässt. Das beobachtend begreift man, warum die Lärche als einziger Nadelbaum geschmeidig und fügsam sich mit ihrer weichen Benadelung dem Ergrünen und Welken des Sonnenjahres anpasst. Zu ihr gehört das leichtere Mitgehen – hier wie dort.

Soll Sinnestätigkeit nicht auf der Stufe stumpfen Anstarrens stecken bleiben, soll sie zu echtem Wahrnehmen sich steigern, müssen, wie schon angedeutet, andere seelische Fähigkeiten sie in Bewegung halten, sie ausweiten und aufhellen. Das ist offensichtlich gegenüber dem Sternenhimmel als Wahrnehmungsobjekt besonders schwierig geworden, und es wäre sicher nicht zutreffend, den Grund hierfür allein in Straßenbeleuchtungen und Lichtreklamen zu sehen, die den Abend- und Nachthimmel verdecken. Unregelmäßig angeordnete Lichtpunkte auf dunklem Grund verlocken zunächst nicht sehr zu genauerer Betrachtung. Eine Aussage wie die Kant'sche vom «gestirnten Himmel über mir und dem ethischen Gesetz in mir», von der «Bewunderung und Ehrfurcht» mit der diese beiden erfüllen, scheint ganz einer vergangenen Zeit anzugehören. Und eine Gedicht-Eröffnungszeile wie die Eichendorffsche: «Es schienen so golden die Sterne ...» rührt nur wenige Menschen noch unmittelbar an. Für ein einfaches Empfinden wie das von Kindern drückte Georg Britting

den vorliegenden Sachverhalt klar aus am Beginn seines Gedichtes vom
Monde:

> «Der Mond kommt jetzt sehr früh herauf
> und glänzt wie Silber matt.
> Es schaut kein Mensch zu ihm hinauf
> so ist das in der Stadt,
> wo keiner Zeit zu haben meint
> nach oben hinzuspähen ...»

Eine totale Illusion wäre es zu glauben, man könne wiederum «nach
oben» hinsehen durch die Illustrierte oder den Bildschirm. Das trifft für
Kinder in besonderem Maße zu und war deutlich zu beobachten, als die
ersten Fotos von Menschen auf dem Monde erschienen. Die Weltraum-
fahrzeuge, die Anzüge der Astronauten, die Mitteilungen über das Sich-
Halten im schwerelosen Zustand, die Ausblicke auf eine gespenstisch-
bleiche Mondoberfläche hatten für die Kinder – und vielleicht nicht nur
für sie! – nichts mehr zu tun mit dem silbernen Rund, das auf Erden die
Nacht erhellt, oder gar mit der zarten Sichel, die am Abendhimmel hängt.
Auch ein starkes und geübtes Bewusstsein ist kaum fähig, den Abstand
zu überbrücken, der den Himmelskörper, über den ein Mondenfahr-
zeug rollte, trennt von dem Monde, an den Goethe sich richtete, wenn
er dichtete:

> «Füllest wieder Busch und Tal
> still mit Nebelglanz ...»

Und weit schwieriger als gegenüber dem Monde gestaltet sich die
Sache gegenüber den Sternen, da sie dem Auge noch weit weniger dar-
bieten als der Erdentrabant mit seinen wechselnden Erscheinungen. Den
Sternen kann man nur näherkommen in einem doppelten, gleichzeitigen
Zugriff: durch waches Sehen in die äußere Welt und durch gesammel-
tes Aufmerken auf die Empfindungen und Gefühle, die angesichts des
Sternenhimmels in der Seele entstehen. Für alte Völker, die über ein
mythisches Bewusstsein verfügten, verstärkte dieser Vorgang sich zu
Schauungen, zu Bildern, die bis heute nachklingen in Sternennamen,

wie sie von Babylon, von Griechenland oder von den Arabern her uns überliefert sind. Dieser Weg, den die Alten gingen, steht uns heute nicht mehr ohne Weiteres offen. Kinder und stark naturverbundene Menschen kennen ihn noch, doch nur halb bewusst und träumend. Was sie von ihren Erfahrungen in konturierte Vorstellungen bringen können, ist meist nicht mehr als etwa die selbstverständliche Überzeugung, dass die Sterne «Löcher im Vorhang» seien, durch die der Himmel durchschimmert, in dem die Engel leben. Doch auch zu solchen schwachen Aufhellungen des beim Anblick der Sterne dumpf Erlebten kann es nur kommen, wenn Vorstellungen wie die von einem engelerfüllten Himmel einem Kinde zur Verfügung stehen. Das ist vielfach nicht mehr der Fall.

Wo der Mangel empfunden wurde, der dadurch entsteht, dass der Sternenhimmel dem Wahrnehmen und Erleben der Menschen entgleitet, suchte man ihm zuweilen in der Form entgegenzuwirken, dass man die Sternensagen der Griechen wieder hervorholte und neu gestaltete. Das kann sinnvoll erscheinen für den, der sich in der Götter- und Heroenwelt Griechenlands auskennt und sie liebt. Ebenso wenig aber, wie wir in das Welterleben Eichendorffs, Goethes oder Kants zurückkehren können, ebenso wenig, ja weit weniger noch ist uns das möglich im Hinblick auf die Griechen.

Eines aber ist sicher: Wie erlebnisarm wir heute auch ansetzen mögen – aus wissenschaftlichen Daten und Fakten flechten wir uns keine neue «Himmelsleiter», und Sensationen, Fahrten zu Mond und Mars, wirken eher verdunkelnd als erhellend beim Blick auf die Sterne, besonders insofern die Fixsterne, die Bilder des Tierkreises gemeint sind. Wollen wir uns mit unserem Erleben wieder beheimatet fühlen in der Welt, die sich bei wolkenlosem Nachthimmel den Augen darbietet, so müssen wir sie zunächst sehen lernen: in der Unwandelbarkeit, mit der Stern zu Stern steht und in den Bewegungen, den täglichen und jahreszeitlichen Umschwüngen, in den Figuren, die die Lichtpunkte der Sterne dabei gleichsam an den Himmel zeichnen. Das auf diese Weise zu Erfahrende wird umso mehr befriedigen, wird sich in dem Maße in immer größerer Schönheit offenbaren, je vollständiger es uns gelingt, alles Wissen von Sonnensystemen, von Astrophysik und Spektralanalyse während des

Wahrnehmungsaktes aus unserem Vorstellen fernzuhalten. Die Vorstellungskraft muss in eine andere Richtung gelenkt werden.

Den blassen und vergleichsweise starren Bereich des Vorstellens, wie er unser Bewusstsein den Tag über für gewöhnlich einnimmt, kannten die alten Völker nicht. Sie waren heimisch in dem weiten, bewegten Wogen der imaginativen Bilderwelt, unternahmen mit der Kraft ihres mythischen Bewusstseins kühne Fahrten durch Weltenströme und -meere. Und der farbige Glanz solchen Erlebens strahlte hinein in ihre Wahrnehmungsbilder, sodass sie ohne weiteres Zutun im Sternenhimmel mehr sahen als nur Lichtpunkte auf dunklem Grunde.

Heute ist das imaginative Erfahren nicht mehr ohne Weiteres zugänglich. Unser Empfinden verlegt es ans Ende der Welt, unser Bewusstsein ist gegenüber dem der Griechen ein plumpes Schiff, das von eisernen Ketten in der Hafenbucht festgehalten wird. Das Wahrnehmen wurde im Lauf von drei Jahrtausenden kraftlos, das Vorstellen matt und grau. Und doch bleibt uns keine andere Möglichkeit, als bei diesem unlebendig Gewordenen anzusetzen und es mit neuer Kraft zu erfüllen.

Aus solchem Bemühen sind die vorstehenden Geschichten entstanden. Wie Stern zu Stern im Zusammenhang eines Sternbildes sich fügt, wie innerhalb solcher Fügung Spannung oder Dynamik sich ergibt, wie Gestalten entstehen, wie Sternbild zu Sternbild eine Beziehung aufnimmt, wie diese Beziehungen im Laufe des Jahres sich ändern, all das wurde über lange Zeit betrachtet. Und allmählich weiteten die Vorstellungen (Kleiner Wagen, Drache, Orion mit dem Edelsteingürtel, Löwe, Wasserschlange) sich aus zu Bildern. Die wiederum zogen weitere Bilder heran, Handlung deutete sich an. Manchmal verselbständigte ein solcher Vorgang sich, entfernte sich von den Sternenkonstellationen, bei denen er seinen Anfang genommen hatte. Doch solches Entgleiten war leicht zu erkennen, man brauchte nur den entstandenen Bildzusammenhang prüfend wieder an das Sternbild heranzuhalten. Dann zeigte sich schnell, dass da etwas nicht passte, nicht zusammenstimmen wollte.

Das kann nicht heißen und bedeuten wollen, dass Endgültiges, absolut zu den Sternbildern Harmonierendes mit den Geschichten dieses Buches gefunden wurde. Dazu bedürfte es weit größerer Fähigkeiten, als sie in dem geschilderten Vorgehen eingesetzt werden konnten. (Gab es doch selbst im Altertum Versionen und verschiedene Fassungen von Sternensagen, ja sogar völlig unterschiedliche für ein und dasselbe «Bild»!)

Die Geschichten sollten heutigen Kindern die Möglichkeit geben, ihr Empfinden und Fühlen wieder in die Welt der Sterne hinaufzuschicken. Die einigermaßen spröde, nicht leicht zu fassende Wahrnehmungswelt des Sternenhimmels ist Kindern im Genaueren und Einzelnen erst greifbar, wenn ihre Freude am Gestalten-Sehen, ihr Verlangen nach märchenhaften Bildern dort Anhaltspunkte findet. Allerdings müssen diese Bilder ganz im innerlichen Anschauen verbleiben, dürfen sich nicht als «Illustrationen» über das am Himmel Sichtbare hängen und es auf diese Weise verhängen. Umso überraschender ist es dann zu erleben, welche Freude das «Wiedererkennen» der Bilder, der Geschichte im genau gezeichneten, sparsamen Sternbild auslöst. Das konnte in der Arbeit mit Waldorfschul-Klassen vielfach erfahren werden. Im Wesentlichen waren es zwei Klassen, die jeweils über mehrere Jahre durch ihr Aufnehmen und Reagieren an diesen Geschichten mitgearbeitet haben. Doch auch Kollegen und Freunde nahmen am Entstehen des Ganzen teil, gaben Urteil und Rat. Ihnen allen gilt herzlicher Dank.

Zum Schluss sei noch ein praktischer Hinweis gegeben für den, der die zu den Geschichten gehörenden Sternbilder am Himmel wiedererkennen will. Die Bilder wurden dem Text vielfältig beigegeben, um ihre Gestalt, wie sie am Himmel sich darstellt, dem Auge vertraut zu machen. Trotzdem kann es sein, dass das Finden nicht gleich gelingen will. In diesem Fall hat es sich bewährt – bei Kindern wie bei Erwachsenen –, die einzelnen Bilder zunächst zu legen, am besten auf blauem Grunde (Karton) mit den runden Plättchen, wie sie als Abfall im Inneren eines Lochers sich ansammeln. Dabei sollte der Maßstab gegenüber der Vorlage verändert, am besten vergrößert werden, damit lediglich die Verhältnisse zwischen den Sternen und ihren Abständen untereinander eine Rolle spielen, damit diese beachtet und immer wieder verglichen werden, bis die «Gestalt» des einzelnen Sternbildes oder einer Gruppierung klar heraustritt. Ist es so weit, mag man mit gelbem oder weißem Farbstift den Stern zeichnen an der Stelle, die das einzelne Plättchen einnahm. Wer so aus anfänglich unentschiedenem Schieben der hellen Punkte, aus ständigem Verändern und Prüfen die Sternbilder sich einprägte, dem fallen sie in den Blick, wenn er zur richtigen Stunde hochschaut. Möge das oft gelingen!

ACHT STERNLIEDER

für einstimmigen Chor und Geigen

Zum Inhalt der Sternlieder

Die Lieder folgen in dem, was sie inhaltlich beschreiben, dem Jahreslauf. Die Nummern 2, 3 und 4 sind dem Anblick des hochsommerlichen Sternenhimmels abgelesen, wie er sich im Übergang vom Juli zum August abends darbietet.

Die Texte entstanden in der Arbeit mit einer Klasse (1.–3. Schuljahr) und waren umgeben von Sternbilder-Geschichten, auf die manches, was in den Versen anklingt, hindeutet. Das gilt besonders für die Lieder Nr. 6 und Nr. 7. Der Zusammenhang des «Krebses» mit der Krippe ist allerdings durch die herkömmlichen astronomischen Bezeichnungen schon gegeben: Im Mittelpunkt des Sternbildes befindet sich ein Sternhaufen (unter günstigen Bedingungen mit bloßem Auge erkennbar), der die Bezeichnung «praesepe», d.h. Krippe trägt. Dagegen werden im Lied Nr. 7 die üblichen Benennungen völlig fallen gelassen. Dass mit dem «Gaukler» das Sternbild Perseus gemeint ist, darauf weist allenfalls der «Teufelsstern» noch hin (Algol = Teufel), dessen Licht in einem Zeitraum von rund zwei Tagen 21 Stunden in der Helligkeit regelmäßig wechselt, wie man das von mehreren veränderlichen Sternen kennt. Des Gauklers «Haus» ist das Sternbild Cepheus, das mit seinen fünf Hauptsternen stark an die Umrisslinien eines spitzgiebeligen Häuschens erinnert. Man kann – mit einiger Phantasie – auch den zugehörigen Schornstein und die Türschwelle noch finden.

Erika Dühnfort

1.

Melodie: Fritz Christian Gerhard
Text: Erika Dühnfort

♩ = ca. 96

In Nord und Süd und Ost und West hat

1.
2.
Vl.
3.

Gott vier En - gel auf - ge - stellt. In Nord und Süd und Ost und West be -

hü - ten sie die Er - den - welt. Und Win - ter, Früh - ling, Som - mer, Herbst, die

ruhn in ih - rer Hand, den Win - ter, Früh - ling, Som - mer, Herbst, den

beschließend

brin - gen sie ins Land. (nach Wiederholung am Schluss)

«Vom größten Bilderbuch der Welt» · © Verlag Freies Geistesleben 1996

2.

Melodie: Fritz Christian Gerhard
Text: Erika Dühnfort

♩ ca. 69

1. Dreht der klei - ne Him - mels - wa - gen
2. Hält der grim - me Him - mels - dra - chen

Nacht für Nacht sich um im Krei - se, sei - ne sie - ben Sil - ber - ster - ne
sei - nen Schwanz dar - um ge - schlungen. Schließ dein Maul du al - ter Dra - chen,

fun - keln still nach Ster - nen - wei - se.
bist doch lan - ge schon be - zwungen.

3. Fuhrmann dort am Himmelsrande,
   spann das Silberzicklein an,
   dass es uns die Sternenschätze
   samt dem Wagen bringen kann.

«Vom größten Bilderbuch der Welt» · © Verlag Freies Geistesleben 1996

3.

Melodie: Fritz Christian Gerhard
Text: Erika Dühnfort

1. Him - mels - stein - bock, Ster - nen - böck - lein,

fürch - test du den Schüt - zen nicht? Springst ihm nach die Sil - ber - hörnlein

keck und fun - kelnd auf - ge - richt'.

2. Schütze mit den hellen Pfeilen,
   wohin schaust du? Hüte dich!
   Sieh, der Skorpion, der arge,
   mächtig dehnt und reckt er sich.

3. Doch im Gleichmaß ruht die Waage,
   wer sie wohl in Händen hält,
   mit den beiden goldnen Schalen
   zwischen Bös' und Gut gestellt?

4. Neigt die lichte Himmelsjungfrau
   sich schon leis' den Nebeln zu.
   Ihre goldne Sternenähre
   funkelt Sommerabendruh.

«Vom größten Bilderbuch der Welt» · © Verlag Freies Geistesleben 1996

Melodie: Fritz Christian Gerhard
Text: Erika Dühnfort

4.

Schwingt Milch- durchs
sich die stra-ße o-ben Blau,

unten da zir-pen die Gril-len im Gras. Tropft von der Milch-stra-ße duf-ten-der Tau,

liegt auf den Wie-sen als küh-len-des Nass.

2. Schimmernder Sternenstrom, fließest so weit,
reichest von Ende zu Ende der Welt.
Auf deine Ufer und in deine Flut
manche hellglühende Sternschnuppe fällt.

3. Ruht auf gebreiteten Schwingen der Schwan,
kleiner Delphin hin zum Himmelsfluss flieht.
Und in der Leier der funkelnde Stern
summt für die Erde ein Sommernachtslied.

«Vom größten Bilderbuch der Welt» · © Verlag Freies Geistesleben 1996

5. ♩ ca. 120

Melodie: Fritz Christian Gerhard
Text: Erika Dühnfort

1. Wer-den lang die Win-ter-näch-te, hält O - ri - on Him-mels-wacht,
3. Und der Ha - se und die Tau-be ho-cken zu des Hü - ters Fuß.

1. auf die dunkle Er - de fun - kelt sei-nes Gür - tels Ster-nen - pracht.
3. Niederwärts nachWesten schwinget sil - bern sich der Ster-nen - fluss.

2. Wach-sam fol - gen ihm die Hun-de, scheu-es Ein - horn schim-mert zart,
4. Um die kal - te Win-ter - er - de es wie Duft von Ro - sen weht,

2. fürchtet keins sich vor dem an - dern auf der lan - gen Him - mels-fahrt.
4. wenn im Chor der Weihnachtssterne der O - ri - on leuch-tend steht.

(4. Strophe untere Noten)

Zwischenspiel ♩ ca. 112   1. Violine ⌄

2.-3. Violine

«Vom größten Bilderbuch der Welt» · © Verlag Freies Geistesleben 1996

6.

Melodie: Fritz Christian Gerhard
Text: Erika Dühnfort

♩. ca. 72

1. Was
3. Die

fangen, was fangen die sil - ber-nen Zan - - gen des Krebses bei
En - gel, sie kamen, die En - gel, sie nah - - men ihn mit sich em-

Nacht? Ich wet-te: sie fin - den in tief - - blau - en Gründen kein
- por. Am Himmel, da se - hen wir rück - - wärts ihn ge - hen, das

Ende

Stern - lein, gib acht! 2. Noch knie-ten sie al - le beim Kind - lein im
Stroh guckt noch vor.

Stal - le, da stahl er sich fort. Es hielt ihn kein

Sin - gen, kein Leuch - ten und Klin - gen am hei - li - gen Ort.

3. Strophe mit Vorspiel bis «Ende».

«Vom größten Bilderbuch der Welt» · © Verlag Freies Geistesleben 1996

♩ ca. 104

1. Gauk - ler mit dem Teu-fels-stern, prah-lest gar so hell,
2. Hast der Fun-kel - ster-ne viel, zäh - le sie ja kaum,

tan-zest auf dem rech-ten Bein, kommst nicht von der Stell,
ei - nen da - von schenke mir heu - te Nacht im Traum

3. Gehst du in dein Sternenhaus,
mach dich nur recht klein.
Oder wirf es mir herab,
ich pass grad hinein.

«Vom größten Bilderbuch der Welt» · © Verlag Freies Geistesleben 1996

8.

Melodie: Fritz Christian Gerhard
Text: Erika Dühnfort

♩ ca. 104

1. Fiel der Mond ins Son-nen-licht, ist da-hin ge-
2. Si - chel zart und A - bend-stern und ein Wol - ken-

schwun-den, wird die lie - be lan-ge Nacht
schim - mel: Wächst der Mond von A - bend her

«Vom größten Bilderbuch der Welt» · © Verlag Freies Geistesleben 1996

nimmermehr ge - fun - den.
wieder in den Him - mel.

3. Bis zuletzt er rund und voll
Silberlicht ausstreuet.
Alter Mond als junger Mond
immer sich erneuet.

«Vom größten Bilderbuch der Welt» · © Verlag Freies Geistesleben 1996

Erika Dühnfort

Der Sprachbau als Kunstwerk

Grammatik im Rahmen der Waldorfpädagogik
Menschenkunde und Erziehung 38.
374 Seiten, gebunden

Die meisten Erwachsenen erinnern sich nur mit größtem Unwohlsein daran, wie Sätze in der Schule gegliedert und gebeugt werden mussten. Dass dieses anscheinend so trockene Unterrichtsgebiet neues Leben bekommen kann, zeigt Erika Dühnfort in diesem Buch.

«Unbewusstes muss ins Bewusstsein heraufgehoben werden. Voraussetzung dafür ist das Bemühen des Lehrenden, den Charakter einer jeden grammatischen Größe und Form klar zu erkennen und den Zusammenhang nicht nur mit dem kindlichen Denken, sondern auch mit Gefühl und Willen zu erfassen.» *Erika Dühnfort*

«Dies ist ein Buch zum Grammatikunterricht, also ein didaktisches Werk, dabei ein ungemein anregendes, dem man unter den Deutschlehrern aller Schulstufen weite Verbreitung und Beachtung wünschen möchte, über den Kreis der Waldorfpädagogik hinaus, dem es entstammt.»
Horst Sitta, Germanistik

«Prädikat:Nützlich für Lehrer; erhellend für Autoren, die sich Gedanken machen über ihren Umgang mit Sprache.»
Rolf Kugler, Der Verlegerbrief

Verlag Freies Geistesleben